财政部规划教材
全国财政职业教育教学指导委员会推荐教材
全国高职高专院校会计专业立体化教材

会计基础实训与练习

主　编　张　春
副主编　王金鑫　蒋　晶
参　编　周丽媛　刘玮璐

中国财经出版传媒集团
中国财政经济出版社

图书在版编目（CIP）数据

会计基础实训与练习/张春主编．—北京：中国财政经济出版社，2018.9

财政部规划教材　全国财政职业教育教学指导委员会推荐教材　全国高职高专院校会计专业立体化教材

ISBN 978 – 7 – 5095 – 8313 – 5

Ⅰ.①会⋯　Ⅱ.①张⋯　Ⅲ.①会计学 – 高等职业教育 – 教学参考资料　Ⅳ.①F230

中国版本图书馆 CIP 数据核字（2018）第 134893 号

责任编辑：钱红叶　　　　　　　　封面设计：构远设计

中国财政经济出版社 出版

URL：http：//www.cfeph.cn

E – mail：cfeph @ cfeph.cn

（版权所有　翻印必究）

社址：北京市海淀区阜成路甲 28 号　邮政编码：100142

营销中心电话：010 – 88191537　北京财经书店电话：64033436

北京富生印刷厂印刷　各地新华书店经销

787×1092 毫米　16 开　8.5 印张　200 000 字

2018 年 8 月第 1 版　2018 年 11 月北京第 2 次印刷

定价：21.00 元

ISBN 978 – 7 – 5095 – 8313 – 5

（图书出现印装问题，本社负责调换）

本社质量投诉电话：010 – 88190744

打击盗版举报热线：010 – 88191661　QQ：2242791300

编写说明

《会计基础》是会计专业的专业核心基础课程，也是财经类其他专业的必修课程之一。为满足专业实训教学的需要，全面锻炼和提高学生的职业技能，根据高等职业院校会计专业教学标准，我们组织编写了本教材。

该教材在内容上与《会计基础》教材保持一致，即包括总论、识别会计要素和应用会计等式、设置会计科目和开设账户、认知复式记账法、应用借贷记账法、填制和审核会计凭证、登记账簿、开展财产清查、确定账务处理程序和编制财务会计报告十个项目。每个项目又包括三部分内容，即职业选择能力训练、职业判断能力训练和职业应用能力训练，从而注重对学生全方位的培养。

该教材由郑州财税金融职业学院张春主编，郑州财税金融职业学院王金鑫和江苏财会职业学院蒋晶担任副主编，郑州财税金融职业学院周丽媛和江苏财会职业学院刘玮璐参编，具体分工如下：项目一和项目六由郑州财税金融职业学院张春编写，项目二和项目七由郑州财税金融职业学院周丽媛编写，项目三、项目四和项目九由江苏财会职业学院蒋晶编写，项目五由郑州财税金融职业学院王金鑫编写，项目八和项目十由江苏财会职业学院刘玮璐编写。

由于编写时间紧迫，加之编者学识水平有限，书中难免存在不足之处，恳请广大读者批评指正，以便日后修改和完善。

编 者

2018 年 6 月

目　　录

项目一　总论 ……………………………………………………………………（1）
　　任务一　认知会计 ………………………………………………………………（1）
　　任务二　明确会计基本假设与会计基础 ………………………………………（4）
　　任务三　解读会计信息使用者及会计信息质量要求 …………………………（8）
　　任务四　认知会计方法 …………………………………………………………（11）

项目二　识别会计要素、应用会计等式 ………………………………………（13）
　　任务一　识别会计要素 …………………………………………………………（13）
　　任务二　应用会计等式 …………………………………………………………（17）

项目三　设置会计科目、开设账户 ……………………………………………（22）
　　任务一　设置会计科目 …………………………………………………………（22）
　　任务二　开设账户 ………………………………………………………………（26）

项目四　认知复式记账法 ………………………………………………………（30）
　　任务一　认知会计记账方法 ……………………………………………………（30）
　　任务二　认知借贷记账法 ………………………………………………………（32）

项目五　应用借贷记账法 ………………………………………………………（38）
　　任务一　企业主要经济业务概述 ………………………………………………（38）
　　任务二　确认、计量资金筹集业务 ……………………………………………（38）
　　任务三　确认、计量采购业务 …………………………………………………（42）
　　任务四　确认、计量生产业务 …………………………………………………（45）
　　任务五　确认、计量销售业务 …………………………………………………（49）
　　任务六　确认、计量利润形成及分配业务 ……………………………………（52）

项目六　填制、审核会计凭证 …………………………………………………（56）
　　任务一　会计凭证概述 …………………………………………………………（56）
　　任务二　填制、审核原始凭证 …………………………………………………（58）

任务三　填制、审核记账凭证 …………………………………………………（62）
　　任务四　传递、保管会计凭证 …………………………………………………（73）

项目七　登记账簿
　　任务一　会计账簿概述 …………………………………………………………（77）
　　任务二　设置与登记会计账簿 …………………………………………………（80）
　　任务三　对账 ……………………………………………………………………（84）
　　任务四　结账 ……………………………………………………………………（87）
　　任务五　查找与更正错账 ………………………………………………………（90）
　　任务六　会计账簿的更换与保管 ………………………………………………（93）

项目八　开展财产清查
　　任务一　财产清查概述 …………………………………………………………（95）
　　任务二　财产清查的方法 ………………………………………………………（97）
　　任务三　确认、计量财产清查结果 ……………………………………………（101）

项目九　确定账务处理程序
　　任务一　账务处理程序概述 ……………………………………………………（104）
　　任务二　应用记账凭证账务处理程序 …………………………………………（105）
　　任务三　应用汇总记账凭证账务处理程序 ……………………………………（107）
　　任务四　应用科目汇总表账务处理程序 ………………………………………（110）

项目十　编制财务会计报告
　　任务一　财务会计报告概述 ……………………………………………………（115）
　　任务二　编制资产负债表 ………………………………………………………（117）
　　任务三　编制利润表 ……………………………………………………………（123）
　　任务四　编制现金流量表 ………………………………………………………（126）

项目一 Project 1

总 论

任务一 认知会计

一、职业选择能力训练

（一）单项选择题

1. 会计作为经济管理的一种活动，主要采用（　　）为计量单位。
   A. 实物　　　　　　　　　　B. 货币
   C. 劳动　　　　　　　　　　D. 时间
2. 会计核算和监督的内容是（　　）。
   A. 人力、物力、财力　　　　B. 商品货币
   C. 经济业务　　　　　　　　D. 财产物资
3. 会计是（　　）的组成部分。
   A. 经营活动　　　　　　　　B. 经济管理
   C. 核算和监督　　　　　　　D. 社会再生产
4. 会计是对经济业务进行核算和监督的一种（　　）的活动。
   A. 经济管理　　　　　　　　B. 计量、记录
   C. 分析、检查　　　　　　　D. 复式记账
5. 会计人员在进行会计核算的同时，对特定主体经济活动的合法性、合理性进行审查称为（　　）。
   A. 会计预测职能　　　　　　B. 会计核算职能
   C. 会计监督职能　　　　　　D. 会计分析职能
6. 会计最基础的工作是（　　）。
   A. 核算　　　　　　　　　　B. 记账
   C. 监督　　　　　　　　　　D. 算账

7. 下列不属于会计核算的环节的是（ ）。
   A. 确认 B. 计量
   C. 报告 D. 分析
8. 下列各项中，（ ）不属于企业资金循环和周转环节。
   A. 供应过程 B. 生产过程
   C. 销售过程 D. 分配过程
9. 在会计职能中，属于监督职能的是（ ）。
   A. 实施会计事中监督 B. 预测经济前景
   C. 参与经济决策 D. 评价经营业绩
10. 会计是对特定单位的经济活动进行确认、计量和（ ），实施监督，通过所提供的会计资料参与预测、决策和评价。
    A. 计算 B. 分析
    C. 记账 D. 报告

（二）多项选择题

1. 会计随着人类社会生产的发展和经济管理的需要而产生和发展并不断得到完善，其中，会计的发展可划分为（ ）阶段。
   A. 古代会计 B. 近代会计
   C. 现代会计 D. 未来会计
2. 下列关于会计的表述中，正确的有（ ）。
   A. 会计是一种经济管理活动
   B. 会计的基本职能是对经济活动进行核算和监督
   C. 会计的主要计量单位是货币
   D. 会计也是一项经济管理工作
3. 会计核算的内容是指特定主体的资金活动，包括（ ）等阶段。
   A. 资金的投入 B. 资金的循环与周转
   C. 资金的储存 D. 资金的退出
4. 下列属于资金的运用的是（ ）。
   A. 偿还债务 B. 购买原材料
   C. 支付生产工人的工资 D. 收回货款
5. 下列各项活动中，属于企业资金退出的有（ ）。
   A. 偿还各种债务 B. 缴纳各种税费
   C. 发放工资薪金 D. 向所有者分配利润
6. 下列各项中，属于会计职能的有（ ）。
   A. 预测经济前景 B. 参与经济决策
   C. 评价经营业绩 D. 实施会计监督
7. 以下属于会计核算具体内容的是（ ）。
   A. 债权、债务的发生和结算 B. 资本的增减
   C. 签订购销合同 D. 制订财务计划

8. 资金进入企业是资金运动的起点，主要包括（　　）。
   A. 取得借款　　　　　　　　B. 向所有者分配利润
   C. 购置固定资产　　　　　　D. 接受投资
9. 下列关于会计核算和会计监督之间关系的说法中，正确的有（　　）。
   A. 会计核算是会计监督的基础
   B. 会计监督是会计核算的保障
   C. 两者之间存在着相辅相成、辩证统一的关系
   D. 会计监督是会计核算的前提和基础，会计监督是对会计核算的实现
10. 在财产所有权与管理权相分离的情况下，会计的具体目标是（　　）。
    A. 向财务报告使用者提供决策有用的会计信息
    B. 核算和监督特定主体的经济活动
    C. 反映企业管理层受托责任履行情况
    D. 实现企业的经营目标

二、职业判断能力训练

1. 会计既是一个信息系统，又是一个管理决策系统。（　　）
2. 会计核算必须而且只能采取价值的形式。（　　）
3. 会计核算和监督两项基本会计职能是相辅相成、辩证统一的关系，会计核算是会计监督的基础，没有核算所提供的各种信息，监督就失去了依据。（　　）
4. 资金的退出指的是资金离开本企业，退出资金的循环与周转，主要包括偿还各项债务，上缴各项税费以及向所有者分配利润等。（　　）
5. 企业资金投入包括偿还债务、支付工资薪金、缴纳所得税。（　　）
6. 会计是以货币为唯一计量单位，核算和监督一个单位经济活动的一种经济管理工作。（　　）
7. 会计能核算企业所有的经济活动。（　　）
8. 资金周转就是从货币资金开始，依次转化为储备资金、生产资金、产品资金，最终又回到货币资金的过程，资金周而复始地周转称为资金的循环。（　　）
9. 预测经济前景、参与经济决策、评价经营业绩是会计的基本职能。（　　）
10. 会计事中监督是指对正在进行中的经济活动进行监督，以纠正活动过程中的失误和偏差，使经济活动按预定的目标进行。（　　）

三、职业应用能力训练

查找宇通客车案例，讨论其会计对象是什么。

任务二 明确会计基本假设与会计基础

一、职业选择能力训练

(一) 单项选择题

1. 界定从事会计工作和提供会计信息的空间范围的会计基本前提是（ ）。
   A. 会计职能 B. 会计主体
   C. 会计内容 D. 会计对象
2. 乙企业是甲企业的全资子公司，下列各项不属于甲企业核算范围的是（ ）。
   A. 甲企业购买原材料 B. 甲企业向乙企业投资
   C. 乙企业购买原材料 D. 甲企业从乙企业取得分红
3. 形成权责发生制和收付实现制不同的记账基础，进而出现应收、应付、预收、预付、折旧、摊销等会计处理方法所依据的会计基本假设是（ ）。
   A. 货币计量 B. 会计年度
   C. 持续经营 D. 会计分期
4. 应当以（ ）反映在中国境外设立的中国企业向国内报送的财务会计报告。
   A. 所在国货币 B. 人民币
   C. 所在国货币或人民币两者选一 D. 所在国货币和人民币两者同时
5. 企业会计的确认、计量和报告应当以（ ）为基础。
   A. 会计主体 B. 权责发生制
   C. 复式记账 D. 收付实现制
6. 某企业 2018 年 5 月份销售商品收到货款 10 000 000 元，已售出商品未收到的货款 4 000 000 元，则该企业 12 月份商品销售收入为（ ）元。
   A. 10 000 000 B. 13 000 000
   C. 14 000 000 D. 17 000 000
7. 某企业本月发生以下经济业务：①销售 A 商品售价 60 000 元，款已收到；②本月共发生电费 50 000 元，款未付；③现金购买 2 000 元办公用品；④销售 B 商品售价 80 000 元，款未收；⑤支付上月的水电费 55 000 元。不考虑其他因素，按照权责发生制计算本月利润为（ ）元。
   A. 83 000 B. 33 000
   C. 3 000 D. 88 000
8. 某企业 2018 年 5 月份发生下列支出：（1）年初支付本年度保险费 2 400 元，本月摊销 200 元；（2）支付下年第一季度房屋租金 3 000 元；（3）支付本月办公开支 800 元，按照权责发生制要求，本月费用为（　　）元。

A. 1 000　　　　　　　　　　B. 800

C. 3200　　　　　　　　　　 D. 3 000

9. 会计分期假设是对（　　）假设的延续。

A. 会计主体　　　　　　　　B. 持续经营

C. 货币计量　　　　　　　　D. 会计分期

10. 确认本月使用办公用楼租金100万元，用银行存款支付100 000元，剩余900 000元未付。按照权责发生制和收付实现制分别确认的费用为（　　）元。

A. 100 000、1 000 000　　　　B. 100 000、0

C. 100 000、900 000　　　　　D. 100 000、100 000

（二）多项选择题

1. 下列属于会计主体假设的意义的是（　　）。

A. 明确了会计确认、计量和报告的空间范围

B. 产生了本期与其他期间的区别

C. 为会计核算确定了时间范围

D. 能够正确地反映一个经济实体所拥有的经济资源及所承担的义务

2. 会计分期这一基本假设的主要意义在于（　　）。

A. 使会计原则建立在非清算基础之上

B. 产生了当期与以前期间、以后期间的差别

C. 界定了提供会计信息的时间和空间范围

D. 为分期结算账簿、编制财务报告以及相关会计原则的使用奠定了理论与实务的基础

3. 下列项目中，可以作为一个会计主体进行核算的有（　　）。

A. 销售部门　　　　　　　　B. 分公司

C. 母公司　　　　　　　　　D. 企业集团

4. 根据我国《企业会计准则》的规定，会计期间分为（　　）。

A. 月度　　　　　　　　　　B. 季度

C. 半年度　　　　　　　　　D. 年度

5. 会计中期包括（　　）。

A. 月度　　　　　　　　　　B. 季度

C. 半年度　　　　　　　　　D. 年度

6. 以收付实现制为核算基础，下列各项属于6月份收入或费用的是（　　）。

A. 6月份支付下期的房租　　　B. 6月份预收的款项

C. 6月份预付的款项　　　　　D. 6月份采购设备尚未支付的款项

7. 本月收到上月销售产品的货款存入银行，下列表述中，正确的有（　　）。

A. 收付实现制下，应当作为本月收入　　B. 权责发生制下，不能作为本月收入

C. 收付实现制下，不能作为本月收入　　D. 权责发生制下，应当作为本月收入

8. 以权责发生制为核算基础，下列各项不属于本期收入或费用的是（　　）。

A. 本期支付下期的房屋租金　　B. 本期预收的货款

C. 本期支付上期的房屋租金　　　　D. 本期售出商品但尚未收到货款

9. 关于货币计量，下列说法正确的有（　　）。
A. 在境外设立的中国企业向国内报送的财务报告，应当折算为人民币
B. 业务收支以外币为主的单位可以选择某种外币作为记账本位币
C. 会计核算过程中采用货币为主要计量单位
D. 我国企业的会计核算只能以人民币作为记账本位币

10. 下列属于会计假设的是（　　）。
A. 会计主体　　　　　　　　　　　B. 持续经营
C. 会计分期　　　　　　　　　　　D. 货币计量

二、职业判断能力训练

1. 会计主体是指会计确认、计量、记录和报告的空间范围，即界定了从事会计工作和提供会计信息的空间范围。（　　）
2. 法人一般都是会计主体，但会计主体不一定是法人。（　　）
3. 会计中期，是指短于一个完整的会计年度的报告期间，一般指半年度。（　　）
4. 由于有了持续经营这个会计核算的基本前提，才产生了本期与非本期的区别，从而出现了权责发生制与收付实现制。（　　）
5. 权责发生制要求企业应当在收入已经实现或费用已经发生时就进行确认，而不必等到实际收到或支付现金时才确认。（　　）
6. 甲企业2018年9月售出一批商品给乙企业，合同规定乙企业应于当年12月支付汇款。乙企业信誉良好，甲企业确认该批商品销售收入的时间应为当年9月份。（　　）
7. 权责发生制基础下，企业本期付出的现金或银行存款一定与本期费用相关。（　　）
8. 根据权责发生制，凡是不属于当期的收入和费用，即使款项在当期收付，也不作为当期的收入和费用。（　　）
9. 会计主体就是法律主体。（　　）

三、职业应用能力训练

[资料] 兴旺公司2018年第二季度发生下列经济业务：

（1）4月销售一批商品给繁盛公司，价值100 000元，商品已经发出，款项于4月收到并存入银行。

（2）4月预收伊顿公司200 000元货款，5月发货，货物价值600 000元，6月收回余款400 000元。

（3）4、5、6月对镇远公司各月的销售收入各为300 000万元，上述款项于6月一次性收回并存入银行。

（4）4、5、6月各计提短期借款利息100 000元，6月30日，银行一次性从公司账户转走第二季度利息共计300 000元，并通知公司。

（5）6月末，预付下半年房租600 000元。

(6) 6月用银行存款支付本月水电费 200 000 元。

[要求] 根据以上资料填写下表并回答下列问题：

经济业务	权责发生制						收付实现制					
	4月		5月		6月		4月		5月		6月	
	收入	费用	收入	费用	收入	费用	收入	费用	收入	费用	收入	费用
(1) 4月销售一批商品给繁盛公司，价值100 000元，商品已经发出，款项于4月收到并存入银行												
(2) 4月预收伊顿公司200 000元货款，5月发货，货物价值600 000元，6月收回余款400 000元												
(3) 4、5、6月对镇远公司各月的销售收入各为300 000元，上述款项于6月一次性收回并存入银行												
(4) 4、5、6月各计提短期借款利息100 000元，6月30日，银行一次性从公司账户转走第二季度利息共计300 000元，并通知公司												
(5) 6月末，预付下半年房租600 000元												
(6) 6月用银行存款支付本月水电费 200 000元												

(1) 以权责发生制为记账基础，该公司4月的收入和费用分别为（　　）元。
A. 600 000、100 000　　　　　　B. 400 000、100 000
C. 300 000、300 000　　　　　　D. 400 000、300 000

(2) 以收付实现制为记账基础，该公司4月的收入和费用分别为（　　）元。
A. 300 000、100 000　　　　　　B. 600 000、0
C. 600 000、300 000　　　　　　D. 300 000、0

(3) 以权责发生制为记账基础，该公司5月的收入应为（　　）元。
A. 900 000　　　　　　　　　　B. 600 000
C. 700 000　　　　　　　　　　D. 30 000

(4) 以收付实现制为记账基础，该公司6月的收入和费用分别为（　　）元。
A. 1 300 000、1 100 000　　　　B. 700 000、900 000
C. 1 300 000、900 000　　　　　D. 700 000、1 100 000

(5) 以权责发生制为记账基础，该公司6月的收入应为（　　）元。
A. 700 000　　　　　　　　　　B. 100 000
C. 900 000　　　　　　　　　　D. 300 000

任务三 解读会计信息使用者及会计信息质量要求

一、职业选择能力训练

（一）单项选择题

1. （　　）是企业内部主要的会计信息使用者。
   A. 企业管理者　　　　　　　B. 企业职工
   C. 债权人　　　　　　　　　D. 政府部门
2. 在遵循会计核算的基本原则，评价某些项目的（　　）时，很大程度上取决于会计人员的职业判断。
   A. 真实性　　　　　　　　　B. 完整性
   C. 重要性　　　　　　　　　D. 可比性
3. 企业任意设置各种秘密准备属于（　　）。
   A. 执行配比原则　　　　　　B. 执行谨慎性原则
   C. 执行可比原则　　　　　　D. 滥用谨慎性原则
4. 下列关于谨慎性原则运用正确的是（　　）。
   A. 计提秘密准备金
   B. 高估资产或收益
   C. 对可能发生的各项资产损失，按规定计提资产减值准备
   D. 少计负债或费用
5. 企业将融资租入固定资产按自有固定资产的折旧方法对其计提折旧，遵循的是（　　）要求。
   A. 谨慎性　　　　　　　　　B. 实质重于形式
   C. 可比性　　　　　　　　　D. 重要性
6. 下列说法中，能够保证同一企业会计信息前后各期可比的是（　　）。
   A. 为了提高会计信息质量，要求企业所提供的会计信息能够在同一会计期间不同企业之间进行相互比较
   B. 存货的计价方法一经确定，不得随意改变，如需变更，应在财务报告中说明
   C. 对于已经发生的交易或事项，应当及时进行会计确认、计量和报告
   D. 对于已经发生的交易或事项进行会计确认、计量和报告时，不应高估资产或者收益、低估负债或者费用
7. 企业的会计核算方法前后各期应保持一致，不得随意变更，这体现的会计信息质量要求是（　　）。

A. 可靠性 B. 重要性
C. 可比性 D. 可理解性

8. 企业在进行会计核算时，要合理核算可能发生的费用和损失，不高估资产和收益，这体现了会计信息质量的（　　）要求。
A. 可比性 B. 可靠性
C. 谨慎性 D. 可理解性

9. 企业对于已经发生的交易或者事项，应当及时进行会计确认、计量和报告，不得提前或者延后。这个信息质量要求是（　　）。
A. 可靠性 B. 及时性
C. 可比性 D. 可理解性

10. 会计核算的各个阶段都力求真实客观、内容完整，必须以实际发生的经济活动及表明经济业务发生的合法凭证为依据。这个信息质量要求是（　　）。
A. 可靠性 B. 谨慎性
C. 可比性 D. 重要性

（二）多项选择题

1. 企业的债权人包括（　　）。
A. 银行 B. 债券购买者
C. 非银行金融机构 D. 提供贷款的单位或个人

2. 我国新准则规定的会计信息质量要求包括（　　）。
A. 可靠性 B. 相关性
C. 重要性 D. 完整性

3. 谨慎性要求会计人员在选择会计处理方法时（　　）。
A. 不高估资产和收益 B. 不低估负债和费用
C. 高估资产和收益 D. 低估资产和收益

4. 下列属于会计信息质量要求的是（　　）。
A. 货币计量 B. 谨慎性
C. 可比性 D. 权责发生制

5. 以下核算体现了会计信息质量的谨慎性要求的有（　　）。
A. 将融资租入资产视为承租企业自有资产核算
B. 对应收账款计提坏账准备
C. 对固定资产采用加速折旧法计提折旧
D. 对库存商品等存货计提跌价准备

6. 下列符合重要性会计信息质量要求的有（　　）。
A. 是指企业提供的会计信息应当反映与企业财务状况、经营成果和现金流量等有关的所有重要交易或者事项
B. 重要的经济业务：独立核算、分项反映
C. 不重要的经济业务：简化核算、合并反映
D. 企业可以通过设置秘密准备来规避估计到的各种风险和损失

7. 下列属于可比性会计信息质量要求的是（　　）。
A. 同一企业在不同时期的纵向可比
B. 不同企业在同一时期的横向可比
C. 同一企业不同时期发生的相同或者相似的交易或者事项，应当采用一致的会计决策，不得随意变更，确须变更的，应当在附注中说明
D. 不同企业发生的相同或者相似的交易或者事项，应当采用规定的会计政策，确保会计信息口径一致、相互可比

8. 下列属于可理解性会计信息质量要求的是（　　）。
A. 同一企业在不同时期的可比
B. 企业可以通过设置秘密准备来规避估计到的各种风险和损失
C. 企业提供的会计信息应当清晰明了，便于理解
D. 会计信息是否被使用者所理解，也取决于使用者理解信息的能力

9. 下列说法符合可靠性会计信息质量要求的是（　　）。
A. 会计信息能够真实地反映企业经济活动的实际情况
B. 对应收账款计提坏账准备
C. 企业提供的会计信息应当清晰明了，便于理解
D. 保证会计信息的真实客观、内容完整

10. 下列关于会计信息质量要求的表述中，正确的有（　　）。
A. 重要性是指企业提供的会计信息应当反映与企业财务状况、经营成果和现金流量等有关的所有重要交易或者事项
B. 企业会计政策不得随意变更体现了可比性会计信息质量要求
C. 及时性要求企业对于已经发生的交易或者事项，应当及时进行会计确认、计量和报告，不得提前或者延后
D. 企业可以通过设置秘密准备来规避估计到的各种风险和损失

二、职业判断能力训练

1. 投资者、债权人、政府部门、企业管理者都属于企业的外部信息使用者。（　　）
2. 为了满足会计信息可比性要求，企业不得变更会计政策。（　　）
3. 企业为减少本年度亏损而调减资产减值准备金额，体现了会计信息质量的谨慎性要求。（　　）
4. 会计信息的相关性和可靠性是相对立的。（　　）
5. 会计核算上把以融资租赁方式租入的资产视为企业的自有资产进行核算和管理反映的会计信息质量要求是实质重于形式。（　　）
6. 谨慎性要求企业不仅要核算可能发生的收入，也要确认可能发生的费用和损失，以对未来的风险进行充分核算。（　　）
7. 可理解性要求企业提供的会计信息应当清晰明了，便于财务报告使用者理解和使用。（　　）
8. 可比性也是会计信息质量的一项重要要求，它包括两个方面的含义，即同一企业在

不同时期的纵向可比，不同企业在同一时期的横向可比。 （　　）

9. 对一项会计事项重要性的确认，在极大程度上取决于会计人员的职业判断。（　　）

10. 对应收项目计提坏账准备是谨慎性的体现。 （　　）

三、职业应用能力训练

以美国安然公司会计造假为案例，搜集相关资料，分析是否违背了会计信息质量要求。

任务四　认知会计方法

一、职业选择能力训练

（一）单项选择题

1. 登记账簿属于（　　）。
   A. 会计检查方法　　　　　　B. 会计分析方法
   C. 会计核算方法　　　　　　D. 会计决策方法

2. 下列不属于会计核算方法的是（　　）。
   A. 设置会计科目与账户　　　B. 成本预测
   C. 登记账簿　　　　　　　　D. 财产清查

3. （　　）是指生产经营过程中发生的产品生产费用，按各种不同的成本计算对象进行归集和分配，进而计算产品的总成本和单位成本的一种专门方法。
   A. 成本计算　　　　　　　　B. 财产清查
   C. 编制财务会计报告　　　　D. 利润计算

4. （　　）就是对每笔经济业务，都以相等的金额在相互关联的两个或两个以上有关账户中进行登记的一种专门方法。
   A. 复式记账　　　　　　　　B. 财产清查
   C. 编制财务会计报告　　　　D. 成本计算

5. （　　）就是通过盘点实物、核对账目来查明各项财产物资、往来款项和货币资金的实有数，并查明实有数与账存数是否相符的一种专门方法。
   A. 复式记账　　　　　　　　B. 财产清查
   C. 登记账簿　　　　　　　　D. 成本计算

（二）多项选择题

1. 下列各项中，（　　）运用了会计核算专门方法。

A. 填制和审核会计凭证　　　　　　B. 登记现金日记账和银行存款日记账
C. 编制资产负债表　　　　　　　　D. 聘请注册会计师对报表进行审核

2. 从会计核算方法的具体内容看，包括设置会计科目和账户、复式记账、填制和审核会计凭证、(　　)等。

A. 登记账簿　　　　　　　　　　　B. 成本计算
C. 财产清查　　　　　　　　　　　D. 编制财务会计报告

3. 下列属于会计方法的有(　　)。

A. 会计检查方法　　　　　　　　　B. 会计分析方法
C. 会计核算方法　　　　　　　　　D. 会计计算方法

二、职业判断能力训练

1. 会计核算方法是一个完整的体系，不能打乱顺序，各种方法独立使用。(　　)
2. 会计方法包括：填制和审核会计凭证、设置会计科目与账户、复式记账、登记会计账簿、成本计算、财产清查、编制财务会计报告等，这几种方法各自都是独立的。(　　)
3. 广义的会计方法包括会计核算方法、会计分析方法、会计检查方法、会计预测方法、会计决策方法等。(　　)
4. 复式记账是会计核算方法。(　　)
5. 财产清查是会计检查方法。(　　)

三、职业应用能力训练

讨论会计核算的七种方法的含义及其之间的关系。

项目二 Project 2

识别会计要素、应用会计等式

任务一 识别会计要素

一、职业选择能力训练

（一）单项选择题

1. 资产、负债、所有者权益三要素是企业资金运动的（　　）。
   A. 静态表现　　　　　　　　B. 动态表现
   C. 综合表现　　　　　　　　D. ABC 均正确
2. 收入、费用和利润三要素是企业资金运动的（　　）。
   A. 静态表现　　　　　　　　B. 动态表现
   C. 综合表现　　　　　　　　D. ABC 均正确
3. 下列各项中，（　　）不属于企业资产。
   A. 股本　　　　　　　　　　B. 融资租入的设备
   C. 经营租出的厂房　　　　　D. 非专利技术
4. 下列项目中，属于流动资产项目的是（　　）。
   A. 长期股权投资和长期应收款　　B. 应收账款和存货
   C. 企业的机器设备　　　　　　　D. 商标权和货币资金
5. 企业生产经营过程中的在产品属于（　　）。
   A. 其他投资　　　　　　　　B. 存货
   C. 固定资产　　　　　　　　D. 无形资产
6. 下列项目中，属于负债的是（　　）。
   A. 预付账款　　　　　　　　B. 固定资产
   C. 长期应付款　　　　　　　D. 其他货币资金
7. 负债是指企业过去的交易或者事项形成的，预期会导致经济利益流出企业的

（　　）。
A. 现时义务 B. 潜在义务
C. 过去义务 D. 未来义务

8. 下列交易或事项中，应确认为非流动负债的是（　　）。
A. 企业预付材料款 B. 企业向银行借入三年期借款，借款已到账
C. 企业计提短期借款利息费用 D. 企业购买一批家电产品，货款未付

9. 下列项目中属于所有者权益的是（　　）。
A. 长期股权投资 B. 应付股利
C. 盈余公积 D. 投资收益

10. 企业所有者权益在数量上等于（　　）。
A. 企业流动负债减去长期负债后的差额
B. 企业流动资产减去流动负债后的差额
C. 企业全部资产减去全部负债后的差额
D. 企业长期负债减去流动负债后的差额

11. 下列关于所有者权益的说法，不正确的是（　　）。
A. 所有者权益包括实收资本（或股本）、资本公积、盈余公积和未分配利润
B. 所有者权益的金额等于资产减去负债后的余额
C. 盈余公积和未分配利润统称为留存收益
D. 所有者权益包括实收资本（或股本）、资本公积、盈余公积和留存收益

12. 下列不属于企业的日常活动的是（　　）。
A. 工业企业的产品生产和商品销售 B. 金融企业的存贷款业务
C. 商业流通企业的商品购销活动 D. 工业企业出售闲置固定资产

13. 企业销售商品取得200 000元，出租厂房收取租金50 000元，出售不需用的机器设备取得80 000元，出售多余原材料取得30 000元，转让商标使用权取得150 000元，则企业本期应确认收入金额为（　　）元。
A. 230 000 B. 510 000
C. 280 000 D. 430 000

14. 下列各项中，不属于收入的是（　　）。
A. 提供劳务的收入 B. 销售材料的收入
C. 营业外收入 D. 固定资产租金收入

15. 下列各项中，（　　）不应确认为费用。
A. 广告宣传费 B. 处置固定资产净损失
C. 管理费用 D. 财务费用

16. 下列不属于营业外支出的是（　　）。
A. 出租固定资产获得的收益 B. 处置固定资产的净损失
C. 自然灾害发生的损失 D. 企业对外捐赠支出

17. 关于利润，下列说法不正确的是（　　）。
A. 利润是指企业在一定会计期间的经营成果
B. 企业实现了利润，表明企业的所有者权益将增加

C. 利润是评价企业管理层业绩的指标之一
D. 企业发生了亏损，所有者权益不一定是减少的
18. 下列各项会引起企业收入增加的是（   ）。
A. 销售原材料 B. 出售专利技术
C. 出售无形资产 D. 取得银行长期贷款
19. 下列不属于期间费用的是（   ）。
A. 管理费用 B. 制造费用
C. 销售费用 D. 财务费用

（二）多项选择题

1. 下列各项属于会计要素的是（   ）。
A. 利润 B. 利得
C. 费用 D. 损失
2. 下列会计科目中，（   ）属于流动资产。
A. 原材料 B. 库存商品
C. 预付账款 D. 持有至到期投资
3. 流动负债是指（   ）。
A. 预计在一个正常营业周期中偿还
B. 是企业拥有或控制的资源
C. 企业无权自主地将清偿推迟至资产负债表日以后一年以上的负债
D. 自资产负债表日起一年内（含一年）到期应予以偿还
4. 下列属于流动负债的有（   ）。
A. 预收款项 B. 预付款项
C. 应交税费 D. 应付职工薪酬
5. 下列有关所有者权益的说法，正确的有（   ）。
A. 所有者凭借所有者权益能够参与企业利润的分配
B. 公司的所有者权益又称为股东权益
C. 所有者权益在数量上等于资产减去负债后的余额
D. 所有者权益包括实收资本、资本公积、盈余公积和未分配利润
6. 下列经济业务，会影响企业利润的项目有（   ）。
A. 接受捐赠 B. 销售商品取得收入
C. 取得短期借款 D. 出租固定资产取得收入
7. 收入取得后可能表现为（   ）。
A. 资产增加 B. 所有者权益减少
C. 负债减少 D. 所有者权益增加
8. 下列关于会计要素的表述中，正确的有（   ）。
A. 收入是企业在日常活动中形成的 B. 费用是企业在日常活动中发生的
C. 收入会导致所有者权益的增加 D. 费用会导致所有者权益的减少
9. 下列属于利润表基本要素项目的有（   ）。

A. 资产 B. 收入
C. 费用 D. 留存收益

10. 期间费用是指企业在日常活动中发生的,应当计入当期损益的费用,包括(　　)。

A. 管理费用 B. 销售费用
C. 财务费用 D. 制造费用

二、职业判断能力训练

1. 应付及预付款项都属于负债的范围。（　　）
2. 权益即所有者权益,代表所有者对企业资产的要求权。（　　）
3. 企业应当严格区分收入和利得、费用和损失,以便全面反映企业的经营业绩。（　　）
4. 企业非日常活动所形成的经济利益的流入不能确认为收入。（　　）
5. 企业行政管理部门领用材料,价值3 000元,这3 000元材料费应确认为企业的费用。（　　）
6. 利润是收入与相关费用比较的差额。（　　）
7. 企业出租专利技术,收取的租金不得确认为收入。（　　）
8. 利润包括收入减去费用后的净额、直接计入当期损益的利得和损失等。（　　）
9. 资产是指企业过去的交易或者事项形成的、由企业拥有或控制的、预期会给企业带来经济利益的资源。（　　）
10. 负债是指企业过去的交易或者事项形成的、预期会导致经济利益流出企业的潜在义务。（　　）

三、职业应用能力训练

[资料] A企业的部分资料如下表:

资料	具体项目	会计要素
例:已收到的资本	实收资本	所有者权益
(1) 发行的五年期债券		
(2) 拥有的机器设备		
(3) 应付给职工的工资		
(4) 已购入的土地使用权		
(5) 财务部门存放的现金		
(6) 存在银行的款项		
(7) 销售产品取得的收入		
(8) 以赚取差价为目的对D公司的投资		
(9) 因销货收到的商业汇票		
(10) 应付给C公司材料款		
(11) 筹借资金而发生的利息费用		

续表

资料	具体项目	会计要素
（12）从银行借入的 3 年后到期的借款		
（13）仓库储存的材料		
（14）拥有的专利权		
（15）厂部管理部门办公用品费用		
（16）销售商品应收未收到的货款		
（17）年末从利润中提取的公积金		
（18）为销售商品而发生的广告费		
（19）从银行借入的临时周转借款		
（20）因购货而开出的商业汇票		
（21）尚未缴纳的增值税		

［要求］指出业务所属的会计要素以及具体项目。

任务二　应用会计等式

一、职业选择能力训练

（一）单项选择题

1. 下列表述中，正确反映了"利润 = 收入 – 费用"等式的是（　　）。
   A. 企业现金的绝对运动形式　　B. 资金运动在两个动态要素之间的内在联系
   C. 企业在某一时期的经营成果　　D. 构成资产负债表的三个基本要素

2. 一个企业的资产总额与权益总额（　　）。
   A. 必然相等　　　　　　　　　B. 有时相等
   C. 不会相等　　　　　　　　　D. 可能相等

3. 东方公司本期期初资产总额为 100 000 元，本期期末负债总额比期初增加 20 000 元，所有者权益比期初增加 30 000 元，则本期期末资产总额为（　　）元。
   A. 80 000　　　　　　　　　　B. 150 000
   C. 130 000　　　　　　　　　 D. 120 000

4. 某公司 2018 年 1 月初资产总额为 500 000 元，负债总额为 219 000 元，当月从银行取得借款 30 000 元，支付广告费 5 000 元，月末该公司所有者权益总额为（　　）元。
   A. 306 000　　　　　　　　　 B. 281 000
   C. 246 000　　　　　　　　　 D. 276 000

5. 一项资产增加不可能引起（　　）。

A. 一项资产减少 B. 一项负债增加
C. 一项所有者权益增加 D. 一项负债减少

6. 下列经济业务，会引起所有者权益总额发生增减变化的是（　　）。
   A. 接受投资者投资，款项存入银行 B. 从银行提取现金
   C. 用银行存款偿还应付账款 D. 采购材料入库，暂未付款

7. 一般而言，企业对外销售商品（不考虑增值税）会引起（　　）。
   A. 资产和负债的同时增加 B. 资产和所有者权益的同时增加
   C. 负债和所有者权益的同时增加 D. 以上都不对

8. 某公司2018年初资产总额5 000 000元，负债总额2 000 000元，当年接受投资者投资500 000元，从银行借款1 000 000元。该公司2018年末所有者权益应为（　　）元。
   A. 2 500 000 B. 1 500 000
   C. 3 500 000 D. 5 000 000

9. 某企业12月31日，资产总额1 000 000万元，其中流动负债为400 000元，则权益总额为（　　）。
   A. 1 400 000元 B. 600 000元
   C. 1 000 000元 D. 1 800 000元

10. 某企业期初资产总额200 000元，负债总额140 000元，所有者权益60 000元，本期取得收入30 000元，发生费用20 000元，则期末资产总额为（　　）元。
    A. 230 000 B. 210 000
    C. 180 000 D. 170 000

11. 某企业资产总额为1 000 000元，负债为200 000元，在接受300 000元的投资后，所有者权益为（　　）。
    A. 1 300 000元 B. 500 000元
    C. 1 500 000元 D. 1 100 000元

12. 某企业资产总额为50 000 000万元，负债为10 000 000万元，以银行存款500万元偿还借款，并以银行存款5 000 000元购买固定资产后，该企业资产总额为（　　）元。
    A. 40 000 000 B. 30 000 000
    C. 45 000 000 D. 20 000 000

13. 如果一个企业的负债为50 000元，所有者权益为30 000元，则企业的资产必然为（　　）元。
    A. -20 000 B. 20 000
    C. 80 000 D. -80 000

14. 一项资产增加、一项负债增加的经济业务发生后，都会使资产与权益原来的总额（　　）。
    A. 发生同增的变动 B. 发生同减的变动
    C. 不会变动 D. 发生不等额变动

15. 下列引起资产和负债同时增加的经济业务是（　　）。
    A. 用银行存款购买材料 B. 从银行借到一笔期限为3年的款，存入银行
    C. 用闲置房屋对外投资 D. 用银行存款支付职工薪酬

16. 下列项目中，引起资产和负债同时减少的经济业务是（　　）。
    A. 用银行存款支付前欠货款　　　　B. 购材料，款未支付
    C. 收回欠款，存入银行　　　　　　D. 用现金支付本企业员工王小方预借的差旅费
17. 下列项目中，引起负债有增有减的经济业务是（　　）。
    A. 用银行存款偿还短期借款　　　　B. 开出应付票据抵付应付账款
    C. 以银行存款交税　　　　　　　　D. 收到外商捐赠的设备
18. 下列项目中，引起所有者权益有增有减的经济业务是（　　）。
    A. 收到投资者投入的固定资产　　　B. 用银行存款偿还半年期的借款
    C. 将盈余公积转增资本金　　　　　D. 以厂房对外投资
19. 某企业期初资产总额 6 000 000 元，若发生以下经济业务：（1）收到外单位投资 400 000 元存入银行；（2）以银行存款购买材料 120 000 元；（3）以银行存款偿还借款 100 000 元，该企业期末资产总额应为（　　）元。
    A. 6 360 000 元　　　　　　　　　B. 6 280 000 元
    C. 6 480 000 元　　　　　　　　　D. 6 300 000 元
20. 某企业期初资产总额为 500 000 元，本期以银行存款购入材料 100 000 元，又以银行存款偿还应付款 100 000 元，则该企业期末资产总额为（　　）元。
    A. 700 000　　　　　　　　　　　B. 600 000
    C. 500 000　　　　　　　　　　　D. 400 000

（二）多项选择题

1. 下列经济业务中，能引起会计等式左右两边会计要素同时变动的有（　　）。
    A. 收回应收货款　　　　　　　　　B. 归还到期借款
    C. 收到投资人投入资金　　　　　　D. 购买商品，支付货款
2. 下列关于会计等式"利润＝收入－费用"的表述中，正确的有（　　）。
    A. 它是对会计基本等式的补充和发展　B. 它表明了企业在一定会计期间经营成果与相应的收入和费用之间的关系
    C. 它说明了企业利润的实现过程　　　D. 它实际上反映的是企业资金运动的绝对运动形式，故也称为静态会计等式
3. 下列等式中正确的有（　　）。
    A. 资产＝负债＋所有者权益　　　　B. 资产＝负债＋所有者权益＋（收入－费用）
    C. 资产＝负债＋所有者权益＋利润　D. 利润＝收入－费用
4. 下列各等式属于会计等式的有（　　）。
    A. 本期借方发生额合计＝本期贷方发生额合计
    B. 本期借方余额合计＝本期贷方余额合计
    C. 资产＝负债＋所有者权益
    D. 利润＝收入－费用
5. 下列选项中，正确的有（　　）。
    A. 资产与权益同时增加，总额增加　B. 资产与负债一增一减，总额不变
    C. 资产内部同时减少，总额减少　　D. 权益内部的一增一减，总额不变

6. 某项经济业务的发生没有影响所有者权益，则可能导致（　　）。
   A. 资产和负债同时增减　　　　B. 资产和负债一增一减
   C. 资产内部一增一减　　　　　D. 负债内部一增一减

7. 费用发生时会引起相关会计要素的变化，以下正确的有（　　）。
   A. 资产的增加　　　　　　　　B. 资产的减少
   C. 负债的增加　　　　　　　　D. 所有者权益的减少

8. 某项经济业务的发生引起负债的增加，则可能引起（　　）。
   A. 资产增加　　　　　　　　　B. 所有者权益增加
   C. 收入增加　　　　　　　　　D. 费用增加

9. 根据会计恒等式的原理，下列表述中，正确的有（　　）。
   A. 债权人权益增加，所有者权益减少，资产不变
   B. 资产有增有减，权益不变
   C. 资产增加，负债减少，所有者权益不变
   D. 资产不变，负债增加，所有者权益增加

10. 企业向银行借款，存入银行，这项业务引起（　　）。
    A. 负债增加　　　　　　　　　B. 资产增加
    C. 所有者权益增加　　　　　　D. 收入增加

二、职业判断能力训练

1. 企业接受投资者投入实物，能引起资产和所有者权益同时增加。（　　）
2. 当企业本期收入大于费用时，表示企业取得了盈利，最终导致企业所有者权益的增加。（　　）
3. 每一项经济业务的发生必然会引起会计等式的一方或双方有关项目相互联系的等量的变化。（　　）
4. "资产＝负债＋所有者权益"体现了企业资金运动过程中某一特定时期的资产分布和权益构成。（　　）
5. 权益就是指所有者权益。（　　）
6. "利润＝收入－费用"这一会计等式，体现了企业一定时期内的经营成果，是编制利润表的基础。（　　）
7. 资产和负债偶尔会发生一增一减的变化，但不会影响会计等式的恒等关系。（　　）
8. 反映财务状况的会计等式是"资产＝负债＋所有者权益"。（　　）
9. 资产、负债与所有者权益的平衡关系是企业资金运动处于相对静止状态下出现的，如果考虑收入、费用等动态要素，则这一平衡关系必然被破坏。（　　）

三、职业应用能力训练

[资料] A公司2018年3月1日资产为600 000元，其中负债200 000元，所有者权益400 000元，3月份发生下列经济业务：

（1）提取现金 40 000 元，备发工资。
（2）支付职工工资 40 000 元。
（3）自建厂房一幢，现已完工并交付使用，价值 60 000 元。
（4）以银行存款购入机器一台，价值 50 000 元。
（5）偿还到期的短期借款本金 20 000 元。
（6）购入材料一批，金额 30 000 元，款未付。
［要求］（1）逐项分析上述经济业务所引起的会计要素的增减变动情况。
（2）分别说明上述各项经济业务所属经济业务类型，是否影响会计等式的平衡关系。

项目三 Project 3

设置会计科目、开设账户

任务一 设置会计科目

一、职业选择能力训练

（一）单项选择题

1. 会计科目是指对（　　）的具体内容进行分类核算的项目。
   A. 经济业务　　　　　　　　B. 会计要素
   C. 会计账户　　　　　　　　D. 会计信息

2. 会计科目按其所（　　）不同，分为总分类科目和明细分类科目。
   A. 反映的会计对象　　　　　B. 反映的经济业务
   C. 归属的会计要素　　　　　D. 提供信息的详细程度及其统驭关系

3. （　　）不是设置会计科目的原则。
   A. 重要性原则　　　　　　　B. 合法性原则
   C. 相关性原则　　　　　　　D. 实用性原则

4. 会计科目是（　　）的名称。
   A. 账户　　　　　　　　　　B. 会计凭证
   C. 会计报表　　　　　　　　D. 会计要素

5. 对会计要素具体内容进行总括分类，提供总括信息的会计科目称为（　　）。
   A. 总分类科目　　　　　　　B. 明细分类科目
   C. 二级科目　　　　　　　　D. 备查科目

6. "预付账款"科目按其所归属的会计要素不同，属于（　　）类科目。
   A. 资产　　　　　　　　　　B. 负债
   C. 所有者权益　　　　　　　D. 成本

7. "预收账款"科目按其所归属的会计要素不同，属于（　　）类科目。

A. 资产 B. 负债
C. 所有者权益 D. 成本

8. "资本公积"科目按其所归属的会计要素不同，属于（　　）类科目。
A. 资产 B. 负债
C. 所有者权益 D. 损益

9. "主营业务收入"科目按其所归属的会计要素不同，属于（　　）类科目。
A. 资产 B. 所有者权益
C. 成本 D. 损益

10. "管理费用"科目按其所归属的会计要素不同，属于（　　）类科目。
A. 资产 B. 所有者权益
C. 成本 D. 损益

11. "制造费用"科目按其所归属的会计要素不同，属于（　　）类科目。
A. 资产 B. 负债
C. 损益 D. 成本

12. 总分类会计科目一般按（　　）进行设置。
A. 企业管理的需要 B. 统一会计制度的规定
C. 会计核算的需要 D. 经济业务的种类不同

13. 下列关于会计科目设置的表述中，不正确的是（　　）。
A. 应当遵循谨慎性原则 B. 应当符合单位自身特点
C. 应当符合国家统一会计制度的规定 D. 应当满足相关各方的信息需求

14. 所设置的会计科目应符合单位自身特点，满足单位实际需要，这一点符合（　　）原则。
A. 实用性 B. 合法性
C. 谨慎性 D. 相关性

15. 下列各项中，（　　）不属于总分类科目。
A. 销售费用 B. 应收账款
C. 辅助材料 D. 工程物资

16. 下列各项中，属于总分类会计科目的是（　　）。
A. 应交增值税 B. 应付账款
C. 专利权 D. 专用设备

17. 下列项目中，与"生产成本"属于同一类科目的是（　　）。
A. 固定资产 B. 其他业务成本
C. 劳务成本 D. 累计摊销

18. 下列各项中，不属于损益类科目的是（　　）。
A. 制造费用 B. 资产减值损失
C. 投资收益 D. 其他业务成本

19. 下列会计科目中，属于所有者权益类科目的是（　　）。
A. 营业外收入 B. 生产成本
C. 应收账款 D. 利润分配

（二）多项选择题

1. 下列关于会计科目设置应遵循的相关性原则的表述中，正确的有（   ）。
A. 所设置的会计科目应当为提供有关各方所需要的会计信息服务
B. 所设置的会计科目应当满足对外报告与对内管理的要求
C. 所设置的会计科目应当符合单位自身特点，满足单位实际需要
D. 所设置的会计科目应当符合国家统一的会计制度的规定

2. 总分类会计科目与明细分类会计科目表述正确的有（   ）。
A. 明细分类会计科目概括地反映会计对象的具体内容
B. 总分类会计科目详细地反映会计对象的具体内容
C. 总分类会计科目对明细分类科目具有控制作用
D. 明细分类会计科目是对总分类会计科目的补充和说明

3. 下列选项中，（   ）属于总账科目。
A. 应收账款　　　　　　　　B. 交易性金融资产
C. 应交所得税　　　　　　　D. 固定资产

4. 下列属于总账科目的有（   ）。
A. 原材料　　　　　　　　　B. 本年利润
C. 应收账款　　　　　　　　D. 工行存款

5. 下列会计科目中，属于负债类科目的有（   ）。
A. 长期借款　　　　　　　　B. 应交税费
C. 累计折旧　　　　　　　　D. 应付利息

6. 下列会计科目中，属于资产类科目的有（   ）。
A. 预收账款　　　　　　　　B. 预付账款
C. 原材料　　　　　　　　　D. 短期借款

7. 下列会计科目中，属于所有者权益类科目的有（   ）。
A. 实收资本　　　　　　　　B. 盈余公积
C. 利润分配　　　　　　　　D. 主营业务收入

8. 下列会计科目中，属于成本类科目的有（   ）。
A. 生产成本　　　　　　　　B. 主营业务成本
C. 制造费用　　　　　　　　D. 销售费用

9. 下列会计科目中，属于损益类会计科目的有（   ）。
A. 主营业务收入　　　　　　B. 主营业务成本
C. 管理费用　　　　　　　　D. 财务费用

10. 下列有关明细分类科目的表述，正确的有（   ）。
A. 明细分类科目也称一级会计科目
B. 明细分类科目是对会计要素具体内容进行总括分类的科目
C. 明细分类科目是对总分类科目作进一步分类的科目
D. 明细分类科目是能提供更加详细更加具体的会计信息的科目

二、职业判断能力训练

1. 按成本的不同内容和性质，成本类科目分为反映制造成本的科目和反映销售成本的科目。（   ）
2. 会计科目是账户的名称，账户是会计科目的载体和具体运用。（   ）
3. 与会计科目的分类相对应，账户也可以分为总分类账户和明细分类账户。（   ）
4. 会计科目一般分到三级，不是越多越好。（   ）
5. 明细分类科目对总分类科目起着补充说明和统驭控制的作用。（   ）
6. "应交税费——应交增值税（进项税额）"中的"应交税费"属于总分类科目，"应交增值税"属于二级明细科目。（   ）
7. "应付账款"和"预付账款"都是负债类科目。（   ）
8. "以前年度损益调整"属于负债类科目。（   ）
9. 对会计科目的具体内容进行分类核算的项目，称为会计要素。（   ）
10. 资金运动的第三层次是会计科目。（   ）
11. 生产成本及主营业务成本都属于成本类科目。（   ）
12. 企业只能使用国家统一的会计制度规定的会计科目，不得自行增减或合并。（   ）

三、职业应用能力训练

[资料] A 企业的部分资料如下表：

资料	会计要素	会计科目
房屋及建筑物		
工作机器及设备		
运输汽车		
库存生产用钢材		
库存燃料		
未完工产品		
库存完工产品		
存放在银行的款项		
由出纳人员保管的现金		
应收某厂的货款		
暂付职工差旅费		
从银行借入的款项		
应付给光华厂的材料款		
欠交的税费		
销售产品的价款		
投资者投入的资本		
预收的押金		

续表

资料	会计要素	会计科目
欠付的利润		
发生的销售费用		
销售产品的成本		
发生的办公费		
应付职工的工资		

［要求］（1）确认所列的各项目属于哪类会计要素（资产、负债、所有者权益、收入、费用、利润）。

（2）把上述各项目归入相应的会计科目。

任务二　开设账户

一、职业选择能力训练

（一）单项选择题

1. 关于会计账户的设置，下列说法正确的是（　　）。
   A. 账户的设置以会计科目为依据，并服从于会计报表对会计信息的要求
   B. 账户的设置以会计报表为依据，并服从于会计报表对总账和明细账的要求
   C. 账户的设置以会计主体为依据，并服从于会计主体对会计信息的要求
   D. 账户的设置以会计假设为依据，并服从于会计核算对货币计量的要求

2. 账户的左方和右方，哪一方登记增加，哪一方登记减少，取决于（　　）。
   A. 所记经济业务的重要程度　　　B. 开设账户时间的长短
   C. 所记金额的大小　　　　　　　D. 所记录的经济业务和账户的性质

3. 账户的余额按照表示的时间不同可以分为（　　）。
   A. 期初余额和本期增加发生额　　B. 期初余额和本期减少发生额
   C. 本期增加发生额和本期减少发生额　D. 期初余额和期末余额

4. 会计要素在特定会计期间增加和减少的金额，分别称为账户的"本期增加发生额"和"本期减少发生额"，两者统称为账户的（　　）。
   A. 本期变动额　　　　　　　　　B. 本期发生额
   C. 本期余额　　　　　　　　　　D. 本期计算额

5. 以下不是损益类账户的是（　　）。
   A. 反映收入的账户　　　　　　　B. 反映期间费用的账户
   C. 反映销售成本类账户　　　　　D. 反映生产成本类账户

6. 账户是根据（　　）设置的，具有一定的格式和结构，用于分类反映会计要素增减变动情况及结果的载体。
   A. 会计对象　　　　　　　　　B. 会计要素
   C. 会计科目　　　　　　　　　D. 会计信息
7. 一个账户的增加发生额与该账户的期末余额一般都应在该账户的（　　）。
   A. 借方　　　　　　　　　　　B. 贷方
   C. 相同方向　　　　　　　　　D. 相反方向
8. 下列账户中，期末一般无余额的是（　　）账户。
   A. 管理费用　　　　　　　　　B. 生产成本
   C. 利润分配　　　　　　　　　D. 应付账款
9. 下列账户中，属于所有者权益类账户的是（　　）。
   A. 本年利润　　　　　　　　　B. 主营业务收入
   C. 应付账款　　　　　　　　　D. 短期投入
10. 下列会计科目中，（　　）属于负债类科目。
    A. 预收账款　　　　　　　　　B. 预付账款
    C. 财务费用　　　　　　　　　D. 资本公积
11. 账户的基本结构是指（　　）。
    A. 账户的具体格式　　　　　　B. 账户登记的方向
    C. 账户登记的日期　　　　　　D. 账户中登记增减金额等的栏次
12. 年末所有损益类账户的余额均为零，表明（　　）。
    A. 当年利润一定是零
    B. 当年利润一定是正数
    C. 当年利润一定是负数
    D. 损益类账户在结账时均已转入"本年利润"账户
13. 下列账户中，属于损益类的是（　　）。
    A. 预收账款　　　　　　　　　B. 销售费用
    C. 制造费用　　　　　　　　　D. 利润分配
14. 会计科目和账户之间的联系是（　　）。
    A. 结构相同　　　　　　　　　B. 格式相同
    C. 内容相同　　　　　　　　　D. 互不相关

（二）多项选择题

1. 关于账户与会计科目的联系和区别，下列表述中正确的有（　　）。
   A. 名称一致，反映的经济内容一致
   B. 会计科目与账户两者口径一致，性质相同
   C. 会计科目不存在结构，账户则具有一定的格式和结构
   D. 会计科目可以记录经济业务的增减变化及其结果
2. 账户通常包括的内容有（　　）。
   A. 账户名称　　　　　　　　　B. 日期

C. 凭证字号 D. 金额

3. 下列选项中，属于本期发生额的有（　　）。
   A. 期初余额 B. 期末余额
   C. 本期减少金额 D. 本期增加金额

4. 根据核算的经济内容，账户分为（　　）。
   A. 资产类账户 B. 负债类账户
   C. 共同类账户 D. 所有者权益类账户

5. 账户可以（　　）进行分类。
   A. 根据其核算的经济内容 B. 根据提供信息的详细程度及其统驭关系
   C. 根据会计科目流动性 D. 根据生产周期

6. 下列关于账户的表述，正确的有（　　）。
   A. 账户是根据会计要素开设的
   B. 账户具有一定的格式和结构
   C. 设置账户是会计核算的重要方法之一
   D. 一级账户以下的账户均称为明细账户

7. 有关会计科目与账户的关系，下列表述正确的有（　　）。
   A. 两者口径一致，性质相同
   B. 没有会计科目，账户就失去了设置的依据
   C. 账户是会计科目的具体运用
   D. 在实际工作中，会计科目和账户是相互通用的

8. 账户按其反映的经济业务的内容不同分为资产类账户、负债类账户、（　　）。
   A. 共同类账户 B. 损益类账户
   C. 所有者权益类账户 D. 成本类账户

9. 下列表述正确的有（　　）。
   A. 所有总账都要设置明细账 B. 账户是根据会计科目开设的
   C. 账户有一定的格式和结构 D. 账户和会计科目性质相同

10. 有关总分类账户和明细分类账户的关系，下列表述正确的有（　　）。
    A. 总分类账户对明细分类账户具有统驭控制作用
    B. 明细分类账户对总分类账户具有补充说明作用
    C. 总分类账户与其所属的明细分类账户在总金额上应当相等
    D. 总分类账户与明细分类账户提供信息的详细程度不同

11. 下列不属于账户的对应关系的是（　　）。
    A. 总分类账户与明细分类账户的关系
    B. 有关账户之间的应借应贷关系
    C. 资产类账户与负债类账户之间的关系
    D. 成本类账户与损益类账户之间的关系

二、职业判断能力训练

1. 从账户名称、记录增加额和减少额的左右两方来看，账户的结构在整体上类似于汉字"丁"和大写的英文字母"T"，因此，账户的基本结构在实务中被形象地称为"丁"字账户或者"T"形账户。（   ）
2. 会计账户的各项金额的关系可用"本期期末余额＝本期期初余额＋本期增加发生额－本期减少发生额"表示。（   ）
3. 总分类账户和所属的明细分类账户核算的内容是不同的，而且其各自反映的详细程度也是有所不同的。（   ）
4. 为了全面、序时、连续、系统地反映和监督会计要素的增减变动，必须设置账户。（   ）
5. 为了保证会计信息的可比性，总分类科目一般由各省财政厅统一设置。（   ）
6. 在总分类账户中可以使用劳动量来计量。（   ）
7. 会计科目是账户的名称，账户是会计科目的载体和具体运用。（   ）
8. 账户分为左右两方，左方登记增加，右方登记减少。（   ）
9. 账户基本结构的内容仅包括增减金额及余额。（   ）
10. 一级账户又称总分类账户，简称总账，总账以下的账户又成为明细账。（   ）
11. 账户是根据会计科目设置的，具有一定的格式和结构。（   ）
12. 账户的余额总是和账户的增加额方向一致。（   ）

三、职业应用能力训练

[资料] B公司的部分账户金额资料如下表：

单位：元

账户名称	期初余额	本期借方发生额	本期贷方发生额	期末余额
库存现金	1 500	（1）	2 700	1 480
应付账款	6600	47 000	（2）	3100
短期借款	（3）	80 000	120 000	50 000
库存商品	39 000	54 800	76 000	（4）
实收资本	250 000	（5）	70 000	320 000
生产成本	21 000	34 000	（6）	28 050

[要求] 应用账户余额计算公式补齐本表。

项目四 Project 4

认知复式记账法

任务一 认知会计记账方法

一、职业选择能力训练

(一) 单项选择题

1. 目前我国采用的复式记账法主要是（　　）。
   A. 收付记账法　　　　　　　　B. 借贷记账法
   C. 增减记账法　　　　　　　　D. 来去记账法
2. 在借贷记账法下，账户的借方用来登记（　　）。
   A. 资产的增加或权益的减少　　B. 资产的减少或权益的增加
   C. 资产的增加或权益的增加　　D. 资产的减少或权益的减少
3. 收入类账户的余额一般在（　　）。
   A. 借方　　　　　　　　　　　B. 贷方
   C. 无余额　　　　　　　　　　D. 借方或贷方
4. 在借贷记账法下，资产类账户的期末余额等于（　　）。
   A. 期初余额 + 借方发生额 − 贷方发生额
   B. 期初余额 + 借方发生额 + 贷方发生额
   C. 期初余额 − 借方发生额 + 贷方发生额
   D. 期初余额 − 借方发生额 − 贷方发生额
5. 根据资产与权益的恒等关系以及借贷记账法的记账规则，检查所有账户记录是否正确的过程称为（　　）。
   A. 复式记账　　　　　　　　　B. 对账
   C. 试算平衡　　　　　　　　　D. 查账
6. 对某项经济业务事项标明应借应贷账户及其金额的记录称为（　　）。

A. 对应关系 B. 会计分录
C. 对应账款 D. 试算平衡
7. 下列会计分类形式中，属于简单会计分类的是（ ）。
A. 一借一贷 B. 一借多贷
C. 一贷多借 D. 多借多贷

（二）多项选择题

1. 下列可能与预付账款产生对应关系的科目有（ ）。
A. 原材料 B. 应收账款
C. 银行存款 D. 库存商品
2. 年末结账后，下列会计科目中一定没有余额的有（ ）。
A. 本年利润 B. 制造费用
C. 应付账款 D. 主营业务收入
3. 在产品销售业务的核算中，期末结转后，下列账户应无余额的有（ ）。
A. 主营业务收入 B. 主营业务成本
C. 销售费用 D. 应交税费
4. 下列有关单式记账法的表述中，正确的有（ ）。
A. 单式记账法的记账手续简单，但没有一套完整的账户体系
B. 账户之间的记录没有直接联系和相互平衡关系
C. 不能全面、系统地反映各项会计要素的增减变动情况和经济业务的来龙去脉
D. 便于检查账户记录的正确性和完整性
5. 下列关于复式记账法的表述中，正确的有（ ）。
A. 复式记账法是指发生的每一笔经济业务，都要在两个或两个以上相互联系的账户同时登记的一种记账方法
B. 复式记账法是指对发生的每一笔经济业务都要以相等的金额进行登记的一种记账方法
C. 复式记账法是最基本、最主要的会计方法之一，被作为一种科学的记账方法，为世界各国所广泛采用
D. 复式记账法是指对发生的每一笔经济业务不同时登记的一种记账方法

二、职业判断能力训练

1. 在我国，会计分录记载于会计账簿中。　　　　　　　　　　　　　（　）
2. 会计科目之间的对应关系是固定不变的。　　　　　　　　　　　　（　）
3. 根据会计科目对应关系的不同情况，会计分录可以分为简单会计分录和复杂会计分录。　　　　　　　　　　　　　　　　　　　　　　　　　　　（　）
4. 复式记账法是以资产与权益平衡关系作为记账基础，对于每一笔经济业务，都要在两个或两个以上相互联系的账户中进行登记，系统地反应资金运动变化结果的一种记账方法。　　　　　　　　　　　　　　　　　　　　　　　　　　　（　）

任务二 认知借贷记账法

一、职业选择能力训练

(一) 单项选择题

1. 企业接受其他单位的无偿捐赠形成企业的（　　）。
   A. 资本公积金　　　　　　　　B. 实收资本
   C. 盈余公积　　　　　　　　　D. 营业外收入
2. 下列记账错误中，不能通过试算平衡检查发现的是（　　）。
   A. 将某一账户的发生额500元误写成5 000元
   B. 漏记了某一账户的发生额
   C. 将应记入"管理费用"账户的借方发生额，误记入"制造费用"账户的借方
   D. 重复登记了某一账户的发生额
3. 利润分配结束后，"利润分配"总账所属的明细账中只有（　　）有余额。
   A. 提取盈余公积　　　　　　　B. 其他转入
   C. 应付利润　　　　　　　　　D. 未分配利润
4. 记账规则是指采用某种记账方法登记具体经济业务时应当遵循的规律。借贷记账法的记账规则是（　　）。
   A. 资产 = 负债 + 所有者权益
   B. 有借必有贷，借贷必相等
   C. 收入 − 费用 = 利润
   D. 全部账户本期借方发生额合计 = 全部账户本期贷方发生额合计
5. 下列账户中期末应无余额的是（　　）。
   A. 实收资本　　　　　　　　　B. 应付账款
   C. 固定资产　　　　　　　　　D. 管理费用
6. 年末所有损益类科目的余额均为零，表明（　　）。
   A. 当年利润一定是负数
   B. 当年利润一定是正数
   C. 损益类科目发生额在结账时均已转入"本年利润"科目
   D. 当年利润一定是零
7. 应付账款账户期初贷方余额为1 000元，本期贷方发生额为5 000元，本期贷方余额为2 000元，该账户借方发生额为（　　）。
   A. 借方4 000元　　　　　　　　B. 借方3 000元

C. 借方 2 000 元 D. 贷方 2 000 元

8. 对于所有者权益类账户而言（　　）。
   A. 增加记入借方 B. 增加记入贷方
   C. 减少记入贷方 D. 期末无余额

9. 某企业"原材料"账户月初借方余额为 380 000 元，本月验收入库的原材料共计 240 000 元，发出材料共计 320 000 元，下列有关该企业"原材料"月末余额的选项中，正确的是（　　）。
   A. 余额在借方，金额为 460 000 元 B. 余额在贷方，金额为 460 000 元
   C. 余额在借方，金额为 300 000 元 D. 余额在贷方，金额为 300 000 元

10. 在借贷记账法下，"生产成本"账户（　　）。
    A. 期末余额在借方 B. 期末余额在贷方
    C. 期末余额有时在借方，有时在贷方 D. 期末无余额

11. 其他应收款账户期初借方余额为 35 400 元，本期借方发生额为 26 300 元，本期贷方发生额为 17 900 元，该账户期末余额为（　　）。
    A. 借方 43 800 元 B. 借方 27 000 元
    C. 贷方 43 800 元 D. 贷方 27 000 元

12. 备抵账户的结构与所调整账户的结构（　　）。
    A. 相同 B. 相反
    C. 类似 D. 没有可比性

13. 在正常情况下，一个账户的增加额与其期末余额应记在账户的（　　）。
    A. 借方 B. 贷方
    C. 相同方 D. 相反方

14. 我国《企业会计准则——基本准则》中明确规定，企业应当采用的记账方法是（　　）。
    A. 借贷记账法 B. 收付记账法
    C. 增减记账法 D. 单式记账法

15. 下列关于借贷记账法建立依据的说法中，正确的是（　　）。
    A. 有借必有贷，借贷必相等 B. 资产增加记借方，权益增加记贷方
    C. 资产 = 负债 + 所有者权益 D. 收入 – 费用 = 利润

16. 下列关于试算平衡法的表述中，不正确的是（　　）。
    A. 包括发生额试算平衡法和余额试算平衡法
    B. 试算不平衡，表明账户记录肯定有错误
    C. 试算平衡，说明账户记录一定正确
    D. 发生额试算平衡法的理论依据是"有借必有贷、借贷必相等"

17. 在试算平衡表中，如果试算平衡，下列表述中，正确的是（　　）。
    A. 说明每一个账户的借方数一定等于贷方数
    B. 不一定说明账簿记录正确
    C. 说明本期增加数一定等于本期减少数
    D. 说明期初余额一定等于期末余额

18. 下列错误中能通过试算平衡发现的是（　　）。
   A. 某项经济业务未入账　　　　　　B. 某项经济业务重复记账
   C. 借贷方向颠倒　　　　　　　　　D. 借贷金额不等

19. 甲公司月末编制的试算平衡表中，全部科目的本月贷方发生额合计为 1 200 000 元，除银行存款外的本月借方发生额合计 1 040 000 元，则银行存款科目（　　）。
   A. 本月借方余额为 160 000 元　　　B. 本月贷方余额为 160 000 元
   C. 本月贷方发生额为 160 000 元　　D. 本月借方发生额为 160 000 元

20. 企业使用银行存款 2 000 元支付业务招待费，该项经济业务中与"银行存款"存在对应关系的是（　　）。
   A. 销售费用　　　　　　　　　　　B. 财务费用
   C. 管理费用　　　　　　　　　　　D. 生产成本

21. "应交税费"的对应账户可以是（　　）。
   A. 原材料　　　　　　　　　　　　B. 在途物资
   C. 税金及附加　　　　　　　　　　D. 固定资产

22. 通常一借多贷或一贷多借的会计分录对应（　　）。
   A. 一笔经济交易与事项　　　　　　B. 一笔或多笔经济交易与事项
   C. 两笔以上经济交易与事项　　　　D. 多笔经济交易与事项

23. 复合会计分录中的对应关系不包括（　　）。
   A. 一借一贷　　　　　　　　　　　B. 一借多贷
   C. 一贷多借　　　　　　　　　　　D. 多借多贷

（二）多项选择题

1. 借贷记账法的试算平衡方法包括（　　）。
   A. 增加额试算平衡法　　　　　　　B. 减少额试算平衡法
   C. 发生额试算平衡法　　　　　　　D. 余额试算平衡法

2. 关于借贷记账法的试算平衡，下列表述中正确的有（　　）。
   A. 试算平衡包括发生额试算平衡和余额试算平衡
   B. 编制试算平衡表时，必须保证所有账户的余额或发生额均列入试算平衡表内
   C. 试算平衡表借贷不相等，肯定账户记录有错误
   D. 试算平衡表是平衡的，并不能肯定账户记录绝对正确

3. 下列等式中，（　　）正确反映试算平衡关系。
   A. 全部科目本期借方发生额合计 = 全部科目本期贷方发生额合计
   B. 全部科目借方期末余额合计 = 全部科目贷方期末余额合计
   C. 负债类科目借方发生额合计 = 负债类科目贷方发生额合计
   D. 资产类科目借方发生额合计 = 资产类科目贷方发生额合计

4. 关于会计分录的表述中，正确的有（　　）。
   A. 借贷方向、账户名称和金额构成会计分录的三要素
   B. 会计分录可以分为简单分录和复合分录
   C. 多借多贷会计分录，除特殊情况外，一般不使用

D. 在实际工作中，编制会计分录是通过填制原始凭证来完成的

5. 关于借贷记账法下列说法正确的有（　　）。
A. "借"表示增加，"贷"表示减少
B. 以"借"、"贷"为记账符号
C. 可根据借贷平衡原理进行试算平衡
D. 以"有借必有贷，借贷必相等"作为记账规则

6. 下列关于会计分录的说法，正确的有（　　）。
A. 既允许一借一贷，也允许一借多贷、多借一贷或多借多贷
B. 必须既有借方科目又有贷方科目，且借贷金额合计相等
C. 既允许一借一贷，也允许一借多贷或多借一贷，但不允许多借多贷
D. 必须既有借方科目又有贷方科目，但借贷方科目合计金额不一定相等

7. 下列账户中期末余额一般在贷方的有（　　）。
A. 预收账款   B. 应收账款
C. 应付账款   D. 累计摊销

8. 在借贷记账法下，账户的借方应登记（　　）。
A. 负债的增加数   B. 收入的减少数
C. 资产的减少数   D. 成本的增加数

9. 下列各项中，期末一般存在借方余额的有（　　）。
A. 成本类会计科目   B. 负债类会计科目
C. 损益类会计科目   D. 资产类会计科目

10. 下列属于试算平衡表无法发现错误的有（　　）。
A. 用错账户名称   B. 重记某项经济业务
C. 漏记某项经济业务   D. 记账方向颠倒

11. 以下错误可以通过试算平衡发现的有（　　）。
A. 漏记或重记某项经济业务   B. 借方发生额大于贷方发生额
C. 借贷记账方向彼此颠倒   D. 重复登记在某一账户的借方发生额上

12. 在借贷借账法下账户的贷方应登记（　　）。
A. 资产、费用的增加数   B. 权益、收入的减少数
C. 资产、费用的减少数   D. 权益、收入的增加数

二、职业判断能力训练

1. 发生额及余额试算平衡中本期借方发生额合计等于本期贷方发生额合计，说明账户发生额记录肯定没有错误。（　　）

2. 若企业所有总分类科目期初余额是平衡的，即使本期发生额试算不平衡，期末余额试算也有可能会平衡。（　　）

3. 如果试算平衡表借贷不平衡，则可以肯定记账有错误。（　　）

4. 借贷记账法中的记账规则，概括地说就是："有借必有贷，借贷必相等"。（　　）

5. 损益类账户中的收入类账户与费用类账户的结构相反，对于收入类账户，借方登记

减少，贷方登记增加，期末通常没有余额。   （   ）

6. "主营业务收入"科目借方登记主营业务收入的增加额，贷方登记主营业务收入的减少额。   （   ）

7. 在借贷记账法下，负债类、所有者权益类的账户，期末有余额且余额在贷方。
                                                              （   ）

8. 在借贷记账法下，负债类账户与成本类账户的结构截然相反。   （   ）

9. 制造费用账户结构与库存商品账户结构相同，借方登记增加，贷方登记减少，期末一般无余额。   （   ）

10. 复式记账法是唯一的记账方法，它能够对全部经济交易与事项进行完整的记录。
                                                              （   ）

11. 借贷记账法下，"借"和"贷"不仅仅是记账符号，还代表不同的经济业务。
                                                              （   ）

12. 复式记账法的记账符号为"借"和"贷"。   （   ）

13. 复式记账法可以保持会计科目之间的平衡关系。   （   ）

14. 各种复式记账法的根本区别在于记账规则不同。目前，我国已普遍采用增减记账法。   （   ）

三、职业应用能力训练

[资料] 诚信公司月初有关总分类账户的期初余额如下表所示：

诚信公司月初有关总分类账户的余额   单位：元

账户名称	借方金额	账户名称	贷方金额
库存现金	1 000	短期借款	98 000
银行存款	40 000	应付账款	17 000
应收账款	70 000	其他应付款	13 000
其他应收款	3 000	实收资本	170 000
原材料	70 000		
生产成本	4 000		
库存商品	20 000		
固定资产	90 000		
总计	298 000	总计	298 000

发生经济业务如下：

（1）从银行存款中提取现金2 000元备用。

（2）购入甲材料共计8 000元，材料款尚未支付。

（3）用银行存款8 000元，偿还前欠甲材料款。

（4）企业向银行介入短期借款60 000元存入银行。

（5）用银行存款6 000元归还前欠货款。

（6）收回前欠的货款 62 000 元，存入银行。
（7）用银行存款 20 000 元归还银行短期借款。
（8）用银行存款 80 000 元购进设备。
（9）收到投资者投资款 100 000 元，存入银行。
（10）购入甲材料 10000 元，以银行存款支付 7 000 元，余额待付。

[要求]（1）开设有关总分类账户的"丁"字账，根据表中资料登记期初余额。
（2）编制会计分录，并记入有关账户（不考虑相关税费）。
（3）结算有关总分类账户，编制总分类账户余额和发生额试算平衡表。

总分类账户本期发生额及余额试算平衡表

账户名称	期初余额		本期发生额		期末余额	
	借方	贷方	借方	贷方	借方	贷方
库存现金						
银行存款						
应收账款						
其他应收款						
原材料						
生产成本						
库存商品						
固定资产						
短期借款						
应付账款						
其他应付款						
实收资本						
合计						

项目五 Project 5

应用借贷记账法

任务一 企业主要经济业务概述

一、职业应用能力训练

分析讨论郑州乐康食品有限公司的主要经济业务有哪些。

任务二 确认、计量资金筹集业务

一、职业选择能力训练

（一）单项选择题

1. 有限责任公司在增资扩股时，如有新投资者加入，新加入的投资者缴纳的出资额超过其在注册资本中所占份额部分，应记入（　　）科目核算。
   A. 盈余公积　　　　　　　　B. 资本公积
   C. 其他应付款　　　　　　　D. 实收资本
2. 下列表述中正确的是（　　）。
   A. 计提的短期借款利息通过"短期借款"核算，计提的长期借款利息通过"长期借款"核算
   B. 计提的短期借款利息和长期借款利息均通过"应付利息"核算
   C. 计提的短期借款利息通过"短期借款"核算，计提的长期借款利息通过"应付利

息"核算

D. 计提的短期借款利息通过"应付利息"核算，计提的长期借款利息通过"应付利息"或"长期借款"核算

3. 对于分期付息到期还本的长期借款，计提利息时，贷方应记入（　　）账户。

A. 财务费用　　　　　　　　B. 银行存款
C. 长期借款　　　　　　　　D. 应付利息

4. （　　）是指企业为了满足其生产经营对资金的临时性需要而向银行或其他金融机构等借入的偿还期限在一年以内（含一年）的各种借款。

A. 短期借款　　　　　　　　B. 长期借款
C. 应付债券　　　　　　　　D. 应付账款

5. 企业3月末支付本季短期借款利息3 000元（前两个月已预提2 000元）正确分录为（　　）。

A. 借：应付利息　　　　2 000
　　　管理费用　　　　1 000
　　　贷：银行存款　　　　　3 000

B. 借：应付利息　　　　2 000
　　　财务费用　　　　1 000
　　　贷：银行存款　　　　　3 000

C. 借：短期借款　　　　2 000
　　　财务费用　　　　1 000
　　　贷：银行存款　　　　　3 000

D. 借：财务费用　　　　3 000
　　　贷：银行存款　　　　　3 000

6. （　　）是指企业的投资者按照企业章程、合同或协议的约定，实际投入企业的资本金以及按照有关规定由资本公积、盈余公积等转增资本的资金。

A. 实收资本　　　　　　　　B. 未分配利润
C. 资本溢价　　　　　　　　D. 银行存款

7. 企业的资金筹集业务按（　　）分为所有者权益筹资和负债筹资。

A. 资金来源　　　　　　　　B. 资金运用
C. 资金分配　　　　　　　　D. 资金占用

8. 企业接受非现金资产投资时，非现金资产价值根据（　　）确定。

A. 投资合同约定价值　　　　B. 评估确认价值
C. 公允价值　　　　　　　　D. 原账面价值

9. （　　）是指其他法人单位以其依法可以支配的资产投入企业形成的资本金。

A. 国家资本金　　　　　　　B. 法人资本金
C. 个人资本金　　　　　　　D. 外商资本金

10. 实收资本属于（　　）类账户。

A. 资产　　　　　　　　　　B. 负债
C. 所有者权益　　　　　　　D. 损益

（二）多项选择题

1. 下列会计处理中，反映企业资金筹集业务的有（　　）。
   A. 借记"银行存款"科目，贷记"实收资本"科目
   B. 借记"银行存款"科目，贷记"长期借款"科目
   C. 借记"固定资产"科目，贷记"银行存款"科目
   D. 借记"银行存款"科目，贷记"主营业务收入"科目

2. 企业从银行借入的期限为3个月的借款到期，偿还该借款利息时所编制会计分录可能涉及的账户有（　　）。
   A. 应付利息　　　　　　　　B. 财务费用
   C. 短期借款　　　　　　　　D. 银行存款

3. 以银行存款归还到期的长期借款本金及利息，利息分期计提到期一次支付，则借记的科目可能有（　　）。
   A. 财务费用　　　　　　　　B. 长期借款
   C. 应付利息　　　　　　　　D. 管理费用

4. 实收资本的来源有（　　）。
   A. 投资者按照企业章程、合同或协议的约定，实际投入企业的资本金
   B. 资本公积转增资本
   C. 盈余公积转增资本
   D. 投资者投入的超出其在企业注册资本中所占的份额

5. 财务费用账户属于损益类账户，用以核算企业为筹集生产经营所需资金等而发生的筹资费用，包括（　　）。
   A. 利息支出　　　　　　　　B. 汇兑损益
   C. 相关的手续费　　　　　　D. 企业发生的现金折扣

6. 企业接受投资者投入的资本，可能涉及的会计科目有（　　）。
   A. 银行存款　　　　　　　　B. 固定资产
   C. 无形资产　　　　　　　　D. 实收资本

7. 企业用银行存款偿还短期借款，引起（　　）。
   A. 资产增加　　　　　　　　B. 资产减少
   C. 负债增加　　　　　　　　D. 负债减少

8. 下列关于长期借款账户说法正确的是（　　）。
   A. 长期借款属于负债类的账户
   B. 贷方登记企业借入的长期借款本金
   C. 借方登记归还的本金和利息
   D. 期末余额在借方，反映企业期末尚未偿还的长期借款

9. 投资者可以以（　　）投资。
   A. 货币资金　　　　　　　　B. 存货
   C. 固定资产　　　　　　　　D. 非现金资产

10. 按照资本公积的来源不同，设置的明细科目有（　　）。

A. 资本溢价　　　　　　　　B. 其他资本公积
C. 法定盈余公积　　　　　　D. 任意盈余公积

二、职业判断能力训练

1. 企业向银行或其他金融机构借入的款项应通过"长期借款"科目进行核算。（　　）
2. 对于负债筹资形成债权人的权益（通常称为债务资本），这部分资本的所有者享有按约收回本金和利息的权利。（　　）
3. 短期借款账户借方登记短期借款本金的增加额，贷方登记短期借款本金的减少额。期末余额在借方，反映企业期末尚未归还的短期借款。（　　）
4. 实收资本账户贷方登记所有者投入企业资本金的减少额，借方登记所有者投入企业资本金的增加额。期末余额在借方，表示企业期末实收资本（或股本）总额。（　　）
5. 对于企业收到的投资方投入的实物资产，如果确认的资产价值超过其在注册资本中所占的份额，差额应作为资本溢价，记入"盈余公积"。（　　）
6. 企业向银行借入款项，表现为一项资产增加，一项负债减少。（　　）
7. 所有者权益筹资形成债权人权益，通常称为债务资本。（　　）
8. 企业收到投资者以设备投资，应按其原账面价值作为入账价值。（　　）
9. 长期借款用以核算企业向银行或其他金融机构等借入的偿还期限在1年以上（含1年）的各种借款。（　　）
10. 到期一次还本付息的长期借款计提利息通过应付利息核算。（　　）

三、职业应用能力训练

【训练一】

[资料] 2017年1月1日，A、B、C三个公司共同投资成立甲有限公司。按甲有限公司的章程规定，注册资本为9 000 000元，A、B、C三方各占三分之一的股份。假定A公司以厂房投资，投资各方确认的价值为3 000 000元（同公允价值）；B公司以价值200万元的新设备一套和价值1 000 000元的一项专利权投资，其价值已被投资各方确认，并已向甲公司移交了专利证书等有关凭证；C公司以货币资金3 000 000元投资，已存入甲公司的开户银行。

2018年1月1日D公司和E公司有意投资甲公司，经与A、B、C三公司协商，将甲公司注册资本增加到15 000 000元，A、B、C、D、E五方各占五分之一股权。D公司需以货币资金出资4 000 000元，以取得20%的股份；E公司以价值4 000 000元的一项土地使用权出资，其价值已被投资各方确认，取得20%的股份。协议签订后，修改了原公司章程，有关出资及变更登记手续办理完毕。不考虑相关税费。分别编制收到A、B、C、D、E公司投资时的会计分录。

【训练二】

[资料] A 股份有限公司于 2018 年 1 月 1 日从银行借入一笔生产经营用短期借款,共计 120 000 元,期限为 9 个月,年利率为 4%。

[要求] 分别编制以下两种情况的会计分录:
(1) 利息不预提,到期一次偿还本息。
(2) 利息按月预提,按季支付,到期还本。

任务三 确认、计量采购业务

一、职业选择能力训练

(一) 单项选择题

1. "应付账款"科目的借方余额反映的是( )。
   A. 应付未付供货单位的款项 B. 预收购货单位的款项
   C. 预付供货单位的货款 D. 应收购货单位的货款

2. 某公司购入机器一台 90 000 元(假设不考虑增值税),机器已经投入使用,货款尚未支付。这项业务的发生,意味着( )。
   A. 资产增加 90 000 元,负债减少 90 000 元
   B. 资产增加 90 000 元,负债增加 90 000 元
   C. 资产减少 90 000 元,负债减少 90 000 元
   D. 资产减少 90 000 元,负债减少 90 000 元

3. 下列经济业务中,会使企业月末资产总额发生变化的是( )。
   A. 从银行提取现金 B. 购买原材料,货款已付
   C. 购买原材料,货款未付 D. 现金存入银行

4. 增值税一般纳税人购进生产用机器设备所支付的增值税款应记入( )。
   A. 物资采购 B. 固定资产
   C. 应交税费 D. 在建工程

5. 公司支付银行存款 30 000 元购入不需安装的生产用设备一台(不考虑相关税费),应编制会计分录为( )。
   A. 借:在建工程　　　30 000
         贷:银行存款　　　　30 000
   B. 借:银行存款　　　30 000
         贷:原材料　　　　　30 000

C. 借：固定资产　　　　30 000
　　贷：银行存款　　　　30 000
D. 借：银行存款　　　　30 000
　　贷：固定资产　　　　30 000

6. 某企业为增值税一般纳税人，购入材料一批，增值税专用发票上标明的价款为 1 000 000 元，增值税为 160 000 元，另支付材料的保险费 20 000 元、包装物押金 30 000 元。该批材料的采购成本为（　　）万元。

A. 1 000 000　　　　　　　　　　B. 1 020 000
C. 1 170 000　　　　　　　　　　D. 1 050 000

7. 企业预付给甲企业购货款 1 070 000 元，应借记的科目是（　　）。

A. 库存现金　　　　　　　　　　B. 预付账款
C. 银行存款　　　　　　　　　　D. 应收账款

8. 下列能在"固定资产"账户核算的有（　　）。

A. 购入正在安装的设备　　　　　B. 经营性租入的设备
C. 融资租入的正在安装的设备　　D. 购入的不需安装的设备

9. 企业采购材料货款暂欠，向供货方开具一张商业汇票，应贷记（　　）。

A. 应收账款　　　　　　　　　　B. 银行存款
C. 应付票据　　　　　　　　　　D. 应付账款

10. 企业采购材料一批，但仍在运输途中，尚未入库，应（　　）。

A. 借记"原材料"　　　　　　　B. 贷记"原材料"
C. 借记"在途物资"　　　　　　D. 贷记"在途物资"

（二）多项选择题

1. 下列关于"应付账款"账户的表述中，正确的有（　　）。

A. 一般应按照债权人设置明细科目进行明细核算
B. 借方登记偿还的应付账款
C. 贷方登记企业购买材料、商品和接受劳务等而发生的应付账款
D. 期末贷方余额反映企业尚未支付的应付账款

2. 下列各项中，应计入一般纳税企业材料采购成本的有（　　）。

A. 购买材料支付的买价　　　　　B. 支付的材料运费
C. 采购过程中发生的保险费　　　D. 购买材料发生的增值税

3. 甲公司外购一批原材料，材料已验收入库，但是月末仍未收到相关发票凭证，款项未支付。该材料的暂估价格为 70 万，则正确的会计处理为（　　）。

A. 借记原材料　　　　　　　　　B. 贷记应付账款
C. 借记材料采购　　　　　　　　D. 贷记银行存款

4. 某企业购入原材料 11600 元，其中以银行存款支付 1600 元，开出一张面值 10 000 元的商业汇票，不考虑相关税费，所做分录涉及的科目及金额有（　　）。

A. 原材料 11600 元　　　　　　　B. 应付票据 10 000 元
C. 银行存款 1600 元　　　　　　　D. 应付账款 10 000 元

5. 企业赊购一批材料,下列各项中影响应付账款入账金额的是（　　）。
   A. 材料的价款   B. 增值税进项税额
   C. 入库后的挑选整理费   D. 销货方代垫运杂费
6. 以下关于"在建工程"账户,说法正确的是（　　）。
   A. 在建工程账户属于资产类账户
   B. 借方登记企业各项在建工程的实际支出
   C. 贷方登记工程达到预定可使用状态时转出的成本
   D. 期末余额在借方,反映企业期末尚未达到预定可使用状态的在建工程的成本
7. 固定资产应按取得时的实际成本入账,其实际成本包括固定资产的（　　）。
   A. 买价   B. 运费
   C. 购买时增值税进项税   D. 安装成本
8. 以下关于"应交税费"账户,说法正确的是（　　）。
   A. 应交税费属于负债类账户 B. 借方登记企业实际缴纳的各种税费
   C. 贷方登记各种应交未交税费 D. 期末余额在贷方,反映企业尚未交纳的税费
9. 某企业购入一批原材料,货款暂欠,开出一张商业汇票,不考虑相关税费,这项业务的发生,意味着（　　）。
   A. 资产增加   B. 资产减少
   C. 负债增加   D. 负债减少
10. 下列关于"预付账款"账户的表述中,正确的有（　　）。
    A. 预付账款属于负债类账户
    B. 借方登记企业因购货等业务预付的款项
    C. 贷方登记企业因购货等业务预付的款项
    D. 期末余额在借方,反映企业期末预付的款项

二、职业判断能力训练

1. 企业购入需要安装的固定资产,应将购入时发生的成本和安装过程中发生的相关支出,先通过"在建工程"科目核算。（　　）
2. 某公司购入一台管理用设备,取得的增值税专用发票上注明的价款为200万元,增值税额为32万元（根据税法有关规定允许抵扣）,发生保险费0.5万元,该设备的入账价值为234.5万元。（　　）
3. 企业采购材料总是借记"原材料"科目。（　　）
4. 企业购置机器设备总是借记"固定资产"科目。（　　）
5. 预付账款核算企业按照合同规定预付的款项,属于企业的一项负债。（　　）
6. 企业已支付货款,但尚在运输中或尚未验收入库的材料,应通过"在途物资"这个科目来核算。（　　）
7. 自行建造完成或需要安装完成的固定资产,按照各项固定资产达到预定可使用状态前发生的一切合理、必要的支出作为其入账价值。（　　）
8. 企业采购原材料,支付的可抵扣的增值税记入"应交税费"的贷方。（　　）

9. 企业采购材料未付的货款总是记入"应付账款"。（   ）
10. "在途物资"核算企业采购材料的成本，且材料已入库。（   ）

三、职业应用能力训练

【训练一】

[资料] 华信公司为增值税一般纳税人，2018年8月1日购入甲材料一批，取得的增值税专用发票上记载的价格为50 000元，增值税额8 000元。
（1）款项以银行存款来支付，材料同日验收入库。
（2）款项尚未支付，向对方开具一张商业汇票。
（3）款项尚未支付，2018年8月13日支付货款。
（4）款项以银行存款来支付，材料尚未验收入库。2018年8月15日验收入库。
[要求] 根据以上资料完成相关会计处理。

【训练二】

[资料] 甲公司为增值税一般纳税人，2018年9月10日购入设备一台，买价为30 000元，增值税税额为4 800元，款项以银行存款支付。
（1）若该设备不需安装；
（2）若该设备需要安装，2018年9月15日支付安装费用5 000元，2018年9月20日安装完成，达到预定可使用状态。
[要求] 根据以上资料完成相关会计处理。

任务四　确认、计量生产业务

一、职业选择能力训练

（一）单项选择题

1. 分配生产车间直接参加产品生产工人的职工薪酬时，应借记的账户是（   ）。
   A. 生产成本　　　　　　　　B. 制造费用
   C. 管理费用　　　　　　　　D. 应付职工薪酬
2. 下列科目中与"制造费用"科目不可能发生对应关系的是（   ）。
   A. 生产成本　　　　　　　　B. 本年利润
   C. 原材料　　　　　　　　　D. 应付职工薪酬

3. 下列不能作为生产费用核算的是（　　）。
   A. 已销产品的成本
   B. 直接从事产品生产的工人的职工薪酬
   C. 构成产品实体的原材料以及有助于产品形成的主要材料和辅助材料
   D. 企业为生产产品和提供劳务而发生的各项间接费用

4. 某生产企业根据"发料凭证汇总表"的记录，2018年4月，生产车间生产A产品领用甲材料20 000元，车间管理部门领用甲材料5 000元，企业行政管理部门领用甲材料2 000元。该企业的会计处理正确的是（　　）。

   A. 借：生产成本——A产品　　25 000
   　　　管理费用　　　2 000
   　　　贷：原材料　　　27 000

   B. 借：生产成本——A产品　　20 000
   　　　管理费用　　　7 000
   　　　贷：原材料　　　27 000

   C. 借：生产成本——A产品　　20 000
   　　　制造费用　　　5 000
   　　　管理费用　　　2 000
   　　　贷：原材料　　　27 000

   D. 借：生产成本——A产品　　27 000
   　　　贷：原材料　　　27 000

5. 下列费用中，不构成产品成本的是（　　）。
   A. 直接材料费　　　　　　　　B. 期间费用
   C. 直接人工费　　　　　　　　D. 制造费用

6. 下列各项中，不应该计入企业产品成本的是（　　）。
   A. 销售产品过程中发生的运输费　　B. 车间管理人员工资
   C. 生产设备折旧费　　　　　　　　D. 生产领用的原材料成本

7. 下列账户中，（　　）期末一般无余额。
   A. 管理费用　　　　　　　　　　B. 生产成本
   C. 利润分配　　　　　　　　　　D. 应付账款

8. 下列各项不应计入产品制造成本的是（　　）。
   A. 进行产品生产时所发生的材料费
   B. 进行产品生产时所发生的燃料和动力费
   C. 生产车间发生的车间管理人员工资
   D. 产品销售时发生的包装费

9. "累计折旧"属于（　　）账户。
   A. 资产类　　　　　　　　　　　B. 负债类
   C. 所有者权益类　　　　　　　　D. 损益类

10. 关于制造费用科目，下列说法不正确的是（　　）。
    A. 该科目的借方归集生产过程中发生的间接费用

B. 分配给某个产品的制造费用从贷方转出
C. 本科目期末余额在借方
D. 本科目可以按不同的车间、部门设置明细账

(二) 多项选择题

1. 企业根据职工提供服务的受益对象进行职工薪酬分配时,可能涉及的会计科目有( )。
   A. 生产成本　　　　　　　　　　B. 制造费用
   C. 销售费用　　　　　　　　　　D. 管理费用

2. 下列各项中,应直接或间接计入产品生产成本的有( )。
   A. 管理费用　　　　　　　　　　B. 直接材料
   C. 制造费用　　　　　　　　　　D. 直接人工

3. 下列各项职工薪酬中,( )能够计入产品成本。
   A. 车间生产工人薪酬　　　　　　B. 车间管理人员薪酬
   C. 专设销售机构人员薪酬　　　　D. 企业管理部门人员薪酬

4. 企业的职工薪酬主要包括( )。
   A. 工资　　　　　　　　　　　　B. 奖金
   C. 津贴　　　　　　　　　　　　D. 福利费

5. 企业结转生产完工验收入库产品的生产成本时,编制会计分录可能涉及的账户有( )。
   A. 生产成本　　　　　　　　　　B. 制造费用
   C. 主营业务成本　　　　　　　　D. 库存商品

6. 发出材料的核算中可能记入的科目有( )。
   A. 生产成本　　　　　　　　　　B. 制造费用
   C. 管理费用　　　　　　　　　　D. 在建工程

7. 下列会计科目中,与固定资产核算相关的有( )。
   A. 在建工程　　　　　　　　　　B. 累计摊销
   C. 累计折旧　　　　　　　　　　D. 固定资产

8. 以下属于负债的有( )。
   A. 应付账款　　　　　　　　　　B. 应付职工薪酬
   C. 应交税费　　　　　　　　　　D. 短期借款

9. "生产成本"账户的借方登记( )。
   A. 管理费用　　　　　　　　　　B. 直接人工费用
   C. 分配计入的制造费用　　　　　D. 直接材料费用

10. 下列关于"累计折旧"账户的表述,正确的有( )。
    A. 借方登记提取的折旧额　　　　B. 贷方登记提取的折旧额
    C. 资产类账户　　　　　　　　　D. 负债类账户

二、职业判断能力训练

1. "库存商品"科目本期借方发生额,反映企业本期发出库存商品进价或售价。（ ）
2. 企业根据有关规定应付给职工的各种薪酬,包括职工工资、奖金、津贴和补贴、职工福利费等均应通过"应付职工薪酬"科目进行核算。（ ）
3. 对于直接用于某种产品生产的材料费用,要先通过"制造费用"科目进行归集,期末再同其他间接费用一起按照一定的标准分配计入有关产品成本。（ ）
4. 为核算各种商品的收发和使用情况,企业应当设置"库存商品"科目,其期末余额通常在借方,反映各种库存商品实际成本或计划成本。（ ）
5. 管理费用的发生额会直接影响到当期产品成本和当期利润总额。（ ）
6. 生产车间使用的固定资产,所计提的折旧应计入"生产成本"。（ ）
7. "累计折旧"的借方登记增加额。（ ）
8. "管理费用"属于损益类账户。（ ）
9. "制造费用"属于损益类账户。（ ）
10. 在计提应付职工薪酬时,生产车间管理人员的薪酬计入管理费用。（ ）

三、职业应用能力训练

[资料] 甲企业发生以下经济业务:
(1) 生产 A 产品领用甲材料 2 000 元,生产 B 产品领用乙材料 3 000 元。
(2) 车间耗用领用材料 800 元,行政办公楼耗用领用材料 500 元。
(3) 本月发生水电费:A 产品耗用 1 500 元,B 产品耗用 1 000 元,车间共同耗用 900 元,行政办公楼耗用 900 元。
(4) 计提机器折旧费,生产车间固定资产折旧 2 500,行政部门计提 1 200。
(5) 计算并提取本月职工工资:生产 A 产品工人工资 28 000,B 产品工资 15 000,车间主任工资 6 000,厂长经理工资 10 000,销售部门 9 000。
(6) 以转账方式发放工资。
(7) 员工李翠预借差旅费 2 000 元。
(8) 李翠出差回来,报销差旅费 2 100 元。
(9) 结转本月的制造费用(按工时比例来分,A 产品工作时为 1 000 小时,B 产品 1 000 小时)
(10) 本月生产的产品完工入库,请结转完工入库产品成本。
[要求] 根据以上经济业务,做相应会计处理。

任务五 确认、计量销售业务

一、职业选择能力训练

(一) 单项选择题

1. 某企业销售商品一批,增值税专用发票上标明的价款为 600 000 元,适用的增值税税率为 16%,款项尚未收回,以银行存款代垫运杂费为 20 000 元。该企业确认的应收账款为( )元。
   A. 600 000
   B. 620 000
   C. 702 000
   D. 716 000

2. 下列项目中,不通过"应收账款"账户核算的是( )。
   A. 员工预借差旅费
   B. 销售库存商品应收的款项
   C. 提供劳务应收的款项
   D. 销售原材料应收的款项

3. 企业对外销售商品,购货方未支付货款,这项债权应记入( )
   A. "应收账款"账户的借方
   B. "应收账款"账户的贷方
   C. "应付账款"账户的借方
   D. "应付账款"账户的贷方

4. 期末结转已销产品成本时,应借记( )账户
   A. 其他业务成本
   B. 营业外支出
   C. 主营业务成本
   D. 销售成本

5. 企业计算出应交纳的教育费附加时,应借记( )
   A. 应交税费
   B. 税金及附加
   C. 其他应收款
   D. 其他应付款

6. 下列属于期间费用的是( )。
   A. 财务费用
   B. 生产费用
   C. 营业成本
   D. 制造费用

7. 下列项目中,不应计入企业销售费用的是( )。
   A. 销售部门人员工资
   B. 销售部门设备折旧费
   C. 销售产品广告费
   D. 销售产品代垫运杂费

8. 用银行存款支付销售商品广告费 500 元,该业务的正确会计分录为( )。
   A. 借:管理费用　　　　500
        贷:银行存款　　　　500
   B. 借:财务费用　　　　500
        贷:银行存款　　　　500

C. 借：银行存款　　　　500
　　　贷：财务费用　　　　500
D. 借：销售费用　　　　500
　　　贷：银行存款　　　　500

9. 期末结转已销材料成本时，应借记（　　）账户。
A. 其他业务成本　　　　　　B. 原材料
C. 主营业务成本　　　　　　D. 销售成本

10. 销售费用账户期末应（　　）。
A. 无余额　　　　　　　　　B. 有借方余额
C. 有贷方余额　　　　　　　D. 既有借方余额又有贷方余额

（二）多项选择题

1. "应收账款"科目，可用于核算购销活动中的（　　）。
A. 应收款　　　　　　　　　B. 预付款
C. 应付款　　　　　　　　　D. 预收款

2. 商品销售收入确认的条件包括（　　）。
A. 企业已将商品所有权上的主要风险和报酬转移给买方
B. 企业既没有保留通常与所有权相联系的继续管理权，也没有对已售出的商品实施有效控制
C. 与交易相关的经济利益很可能流入企业
D. 相关的收入和成本能可靠计量

3. 甲公司主营业务是生产并销售产品，该公司某月销售一批原材料，共500千克，单位成本每千克30元（未计提减值），单价为每千克40元，不考虑增值税，款项已经收到。应编制会计分录（　　）。
A. 借：银行存款　　　　20 000
　　　贷：主营业务收入　　　20 000
B. 借：银行存款　　　　20 000
　　　贷：其他业务收入　　　20 000
C. 借：其他业务成本　　15 000
　　　贷：原材料　　　　　　15 000
D. 借：主营业务成本　　15 000
　　　贷：原材料　　　　　　15 000

4. 下列选项中，通过"其他业务成本"账户核算的有（　　）。
A. 出租无形资产的摊销额　　B. 销售材料的成本
C. 出租包装物的成本或摊销额　D. 销售商品的成本

5. 企业销售商品交纳的下列各项税费，记入"税金及附加"科目的有（　　）。
A. 消费税　　　　　　　　　B. 增值税
C. 教育费附加　　　　　　　D. 所得税

6. 下列科目属于损益类科目的有（　　）。

A. 管理费用 B. 销售费用
C. 制造费用 D. 财务费用

7. 销售费用包括（   ）。

A. 产品广告费 B. 产品展览费
C. 由销售方负担的销售运输费 D. 由销售方代垫的销售运输费

8. （   ）是企业销售过程中所使用的账户。

A. 应收票据 B. 应付票据
C. 应交税费 D. 库存商品

9. 企业销售商品的业务可能借记的账户有（   ）。

A. 银行存款 B. 应收账款
C. 应交税费 D. 库存商品

10. 企业的债权通过以下（   ）科目核算。

A. 预收账款 B. 预付账款
C. 应付账款 D. 应收账款

二、职业判断能力训练

1. 商品取得的收入均属于"主营业务收入"，而提供劳务取得的收入则属于"其他业务收入"。（   ）
2. "税金及附加"科目主要核算企业经营活动发生的增值税、消费税、所得税等相关税费。（   ）
3. 以提供劳务为主营业务的企业，在提供劳务结转成本时，应借记"其他业务成本"科目，贷记"劳务成本"科目。（   ）
4. 预收账款情况不多的，也可以不设置"预收账款"账户，将预收的款项直接记入"应付账款"账户。（   ）
5. 企业应在将所有权凭证或实物交给对方时确认商品销售收入。（   ）
6. "预收账款"账户属于资产类账户。（   ）
7. "税金及附加"账户属于损益类账户，借方代表增加额。（   ）
8. "主营业务收入"账户属于损益类账户，借方代表增加额。（   ）
9. 企业销售商品，只要款项未收到，均通过"应收账款"核算。（   ）
10. 企业销售商品，收到对方的银行转账，不考虑增值税，则借记"银行存款"，贷记"库存商品"。（   ）

三、职业应用能力训练

【训练一】

[资料] 甲有限公司为增值税一般纳税人，10月1日销售一批商品，增值税专用发票上注明售价为 700 000 元，增值税额为 112 000 元，商品已经发出，该批商品的成本为 500 000

元。
(1) 假设款项已收到并存入银行；
(2) 假设销售时收到对方开具的商业汇票一张；
(3) 假设销售时尚未收到货款，于 11 月 5 日收到货款。
[要求] 根据以上资料完成相关会计处理。

【训练二】

[资料] 乙有限公司为增值税一般纳税人，其将一批生产剩余的原材料销售给丙公司，增值税专用发票列明价款 20 000 元、增值税额 3200 元，共计 23200 元，材料已经发出，尚未收到货款。该批材料成本是 8 500 元。
[要求] 根据以上资料完成相关会计处理。

任务六 确认、计量利润形成及分配业务

一、职业选择能力训练

(一) 单项选择题

1. 下列账户中，（　　）期末一般无余额。
 A. 管理费用　　　　　　　　B. 生产成本
 C. 利润分配　　　　　　　　D. 应付账款

2. 按照《公司法》的有关规定，公司应当按照当年净利润（减弥补以前年度亏损）后的（　　）提取法定盈余公积。
 A. 10%　　　　　　　　　　B. 15%
 C. 5%　　　　　　　　　　 D. 7%

3. 下列各项中，不会引起利润总额增减变化的是（　　）。
 A. 销售费用　　　　　　　　B. 管理费用
 C. 所得税费用　　　　　　　D. 营业外支出

4. 某企业年初未分配利润为 1 000 000 元，本年净利润为 10 000 000 元，按 10% 计提法定盈余公积，按 5% 计提任意盈余公积，宣告发放现金股利为 800 000 元，该企业期末未分配利润为（　　）万元。
 A. 8 550 000　　　　　　　　B. 8 670 000
 C. 8 700 000　　　　　　　　D. 8 740 000

5. 假设企业全年应纳税所得额为 180 000 元，按税法规定 25% 的税率计算应纳所得税额，下列账务处理中正确的是（　　）。

A. 借：所得税费用　　　　45 000
　　　贷：银行存款　　　　　45 000
B. 借：税金及附加　　　　45 000
　　　贷：应交税费——应交所得税　　45 000
C. 借：税金及附加　　　　45 000
　　　贷：银行存款　　　　　45 000
D. 借：所得税费用　　　　45 000
　　　贷：应交税费——应交所得税　　45 000

6. 某企业本月主营业务收入为1 000 000元，其他业务收入为80 000元，营业外收入为90 000元，主营业务成本为760 000元，其他业务成本为50 000元，税金及附加为30 000元，营业外支出为75 000元，管理费用为40 000元，销售费用为30 000元，财务费用为15 000元，所得税费用为75 000元，制造费用1000元。则该企业本月营业利润为（　　）元。

A. 170 000　　　　　　　　B. 155 000
C. 25 000　　　　　　　　 D. 80 000

7. 企业期末结转利润时，应将各损益类科目的金额转入（　　）科目，结平各损益类科目。

A. 利润分配　　　　　　　B. 未分配利润
C. 投资收益　　　　　　　D. 本年利润

8. 企业当期利润总额扣除（　　）后，为当期净利润。

A. 盈余公积　　　　　　　B. 应付利润
C. 所得税费用　　　　　　D. 前期未弥补亏损

9. "利润分配"科目归属于（　　）科目。

A. 资产类　　　　　　　　B. 负债类
C. 损益类　　　　　　　　D. 所有者权益类

10. 企业发生因处置机器设备的利得，应将其记入（　　）。

A. 资本公积　　　　　　　B. 其他应付款
C. 营业外收入　　　　　　D. 营业外支出

（二）多项选择题

1. 期末下列哪些科目的余额能转入"本年利润"科目（　　）。

A. 资产减值损失　　　　　B. 财务费用
C. 制造费用　　　　　　　D. 投资收益

2. 企业实现的净利润可进行下列分配（　　）。

A. 计算缴纳所得税　　　　B. 提取法定盈余公积
C. 提取任意盈余公积　　　D. 向投资者分配股利

3. 企业进行利润分配核算时，涉及的会计科目有（　　）。

A. 利润分配　　　　　　　B. 盈余公积
C. 应付股利　　　　　　　D. 应交税费

4. 以下项目中，会影响营业利润计算的有（　　）。
   A. 营业外收入　　　　　　　　B. 税金及附加
   C. 营业成本　　　　　　　　　D. 销售费用
5. 企业的利润总额的计算中需要考虑的项目有（　　）。
   A. 营业利润　　　　　　　　　B. 投资收益
   C. 营业外收入　　　　　　　　D. 所得税费用
6. 企业当年实现净利润 1 000 000 元，按 25% 的所得税税率计算，本年度应缴所得税为 25 万元，则该项经济业务涉及的账户有（　　）。
   A. 应交税费　　　　　　　　　B. 税金及附加
   C. 银行存款　　　　　　　　　D. 所得税费用
7. 下列项目中，应记入"营业外支出"账户的有（　　）。
   A. 广告费　　　　　　　　　　B. 借款利息
   C. 固定资产处置损失　　　　　D. 捐赠支出
8. 下列科目属于损益类科目的有（　　）。
   A. 管理费用　　　　　　　　　B. 销售费用
   C. 制造费用　　　　　　　　　D. 财务费用
9. 属于营业外收入的项目有（　　）。
   A. 固定资产处置利得　　　　　B. 政府补助
   C. 销售商品收入　　　　　　　D. 销售材料收入
10. 一般来讲，所有者权益包括（　　）。
    A. 实收资本　　　　　　　　　B. 资本公积
    C. 盈余公积　　　　　　　　　D. 利润分配

二、职业判断能力训练

1. 企业当期实现的净利润通过"本年利润"科目核算，当期发生的净亏损不通过"本年利润"科目核算。（　　）
2. 企业的所得税费用等于企业的利润总额乘以所得税税率。（　　）
3. 企业期末结转利润时，应将收入类科目的金额转入"本年利润"科目的借方，费用类科目的金额转入"本年利润"科目的贷方，结平损益类科目。（　　）
4. "盈余公积"账户属于所有者权益类账户，该账户借方登记提取的盈余公积，贷方登记实际使用的盈余公积。期末借方余额反映结余的盈余公积。（　　）
5. 利润总额 = 营业利润 + 营业外收入 - 营业外支出。（　　）
6. "本年利润"账户属于损益类账户。（　　）
7. 企业计算所得税费用时应以净利润为基础，根据适用税率计算确定。（　　）
8. 营业外支出是指跟主营业务相关的支出。（　　）
9. "营业税金及附加"账户在期末结转时，借记"营业税金及附加"科目，贷记"本年利润"科目。（　　）
10. 向投资者支付分配的利润不影响所有者权益总额。（　　）

三、职业应用能力训练

[资料] 甲公司2017年12月有关损益类科目的年末余额如下:

账户名称	结账前余额（元）	
	借方	贷方
主营业务收入		7 000 000
其他业务收入		800 000
公允价值变动损益		200 000
投资收益		500 000
营业外收入		60 000
主营业务成本	5 000 000	
其他业务成本	500 000	
税金及附加	60 000	
销售费用	600 000	
管理费用	700 000	
财务费用	300 000	
资产减值损失	100 000	
营业外支出	300 000	

假如不存在纳税调整事项，企业适用的所得税税率为25%，年初未分配利润为3 000 000元，1~11月本年利润累计余额为贷方11 250 000元。要求：

（1）计算2017年该公司的营业利润、利润总额；
（2）结转各项收入、利得类科目；
（3）结转各项费用、损失类科目；
（4）计算并结转所得税费用；
（5）计算本年利润年末余额并编制结转分录；
（6）按照当年净利润的10%提取法定盈余公积，按照当年净利润的5%提取任意盈余公积；
（7）向投资者分配现金股利1 020 000元；
（8）将"利润分配"科目所属其他明细科目的余额转入"未分配利润"并计算年末未分配利润科目余额。

[要求] 根据以上资料完成相关会计处理。

项目六 Project 6

填制、审核会计凭证

任务一 会计凭证概述

一、职业选择能力训练

（一）单项选择题

1. 原始凭证所记录的经济业务是否符合有关的计划、预算，这属于审核原始凭证的（　　）。
   A. 合法性　　　　　　　　　　B. 真实性
   C. 完整性　　　　　　　　　　D. 合理性

2. 下列说法中，关于会计凭证定义不正确的说法是（　　）。
   A. 检验账户记录准确性的方法　　B. 用于明确经济责任的证明文件
   C. 会计的方法之一　　　　　　　D. 据以登记账簿的证明文件

3. 原始凭证是在经济业务的某一时点取得或填制的，下列各项对于这一时点描述正确的是（　　）。
   A. 填制记账凭证时　　　　　　　B. 发生或完成时
   C. 登记明细账时　　　　　　　　D. 编制原始凭证汇总表时

4. （　　）在经济业务发生或完成时取得或填制的，用以记录或证明经济业务的发生或完成情况的书面证明。
   A. 原始凭证　　　　　　　　　　B. 记账凭证
   C. 收款凭证　　　　　　　　　　D. 付款凭证

5. 会计凭证的作用，不包括下列哪项（　　）。
   A. 记录经济业务，提供记账依据　　B. 明确经济责任，强化内部控制
   C. 监督经济活动，控制经济运行　　D. 保证企业经济业务的正常运行

6. 会计凭证划分为原始凭证和记账凭证的依据是（　　）。

A. 填制时间 B. 填制的程序和用途
C. 取得的来源渠道 D. 反映的会计交易和事项

（二）多项选择题

1. 会计凭证在会计核算中的作用有（　　）。
A. 记录经济业务，提供记账依据 B. 明确经济责任，强化内部控制
C. 监督经济活动，控制经济运行 D. 预测经济前景，提高经济效益
2. 按填制程序和用途的不同可分为（　　）。
A. 原始凭证 B. 一次凭证
C. 汇总凭证 D. 记账凭证
3. 下列说法中，关于会计凭证定义的说法正确的是（　　）。
A. 用以记载交易或事项的证明文件 B. 用于明确经济责任的证明文件
C. 会计的方法之一 D. 据以登记账簿的证明文件
4. 下列哪项不是将会计凭证划分为原始凭证和记账凭证的依据是（　　）。
A. 填制时间 B. 填制的程序和用途
C. 取得的来源渠道 D. 反映的会计交易和事项
5. 会计凭证按编制的程序和用途不同，可分为（　　）。
A. 外来凭证 B. 自制凭证
C. 原始凭证 D. 记账凭证

二、职业判断能力训练

1. 会计凭证是记录经济业务事项发生或完成情况的书面证明，通过填制或取得会计凭证，可以明确经济责任。（　　）
2. 原始凭证是记录经济业务发生和完成情况的书面证明，也是登记账簿的唯一依据。（　　）
3. 原始凭证都是以实际发生或完成的经济业务为依据而填制的。（　　）
4. 记账凭证对经济业务的发生和完成有证明效力。（　　）
5. 凭证是在经济业务发生时取得或填制的，用以证明经济业务的发生或完成情况，并作为记账原始依据的会计凭证。（　　）

三、职业应用能力训练

[资料] 企业的购货申请单、购销合同、销货方开具的增值税专用发票、银行对账单、职工人名册、收料单，领料单。

[要求] 判断上述单据哪些属于会计凭证并说明原因。

任务二 填制、审核原始凭证

一、职业选择能力训练

（一）单项选择题

1. 原始凭证中（　　）出现错误的，不得更正，只能由原始凭证开具单位重新开具。
   A. 金额　　　　　　　　　　B. 汉字
   C. 计量单位　　　　　　　　D. 会计科目
2. （　　）一般由税务局等部门统一印制，或经税务部门批准由经营单位印制。
   A. 外来原始凭证　　　　　　B. 自制原始凭证
   C. 限额领料单　　　　　　　D. 收料单
3. 下列各项中，不属于原始凭证的基本内容的是（　　）。
   A. 接受凭证单位名称　　　　B. 交易或事项的内容、数量、单价和金额
   C. 经办人员签名或盖章　　　D. 应记会计科目名称和记账方向
4. 下面属于审核原始凭证真实性的是（　　）。
   A. 凭证日期是否真实，业务内容是否真实
   B. 审核原始凭证所记录经济业务是否有违反国家法律法规的情况
   C. 审核原始凭证各项基本要素是否齐全，是否有漏项情况
   D. 审核原始凭证各项金额的计算及填写是否正确
5. 出差人员预借差旅费应当填写借款单，下列表述中，正确的是（　　）。
   A. 借款单是一种自制的原始凭证　　B. 借款单是一种外出原始凭证
   C. 借款单是一种付款凭证　　　　　D. 借款单是一种单式凭证
6. 职工出差的借款单，按其填制手续属于（　　）。
   A. 自制原始凭证　　　　　　B. 外来原始凭证
   C. 一次凭证　　　　　　　　D. 累计凭证
7. 审核原始凭证是否填列齐全，手续是否完备，有关经办人员是否都已签名或盖章等，这是审核原始凭证的（　　）。
   A. 合法性　　　　　　　　　B. 合理性
   C. 完整性　　　　　　　　　D. 及时性
8. 会计机构、会计人员对不真实、不合法的原始凭证，应当（　　）。
   A. 不予接受　　　　　　　　B. 予以受理
   C. 予以纠正　　　　　　　　D. 予以反映
9. 下列说法正确是（　　）。

A. 审核原始凭证是否履行了规定的凭证传递和审查程序属于原始凭证合法性的审核

B. 审核原始凭证各项金额的计算及填写是否正确属于原始凭证完整性的审核

C. 审核原始凭证填写的项目内容是否符合规定的要求、是否填列齐全、手续是否完备等属于原始凭证及时性的审核

D. 审核原始凭证的日期是否真实、摘要是否真实、业务内容是否真实、数据是否真实等属于原始凭证合法性的审核

10. 下列内容不属于原始凭证审核的是（　　）。

A. 凭证是否有填制单位的公章和填制人员签章

B. 凭证是否符合规定的审查程序

C. 凭证是否符合计划、预算和合同等规定

D. 会计科目使用是否正确

11. 下列各项中，（　　）不符合原始凭证基本要求。

A. 从个人取得的原始凭证，必须有填制人员的签名盖章

B. 原始凭证不得涂改、刮擦、挖补

C. 上级批准的经济合同，应作为原始凭证

D. 大写和小写金额必须相等

12. 下列关于人民币 30 010.06 的大写写法的表述中，正确的是（　　）。

A. 人民币叁万零拾元陆分整　　　　B. 人民币叁万零壹拾元零陆分

C. 人民币三万零十元六分整　　　　D. 人民币三万零十元六分

13. 在原始凭证上书写阿拉伯数字，错误的做法是（　　）。

A. 金额数字前书写货币币种符号

B. 币种符号与金额数字之间要留有空白

C. 币种符号与金额数字之间不得留有空白

D. 数字前写有币种符号的，数字后不再写货币单位

14. 下列关于原始凭证填制的说法，错误的是（　　）。

A. 对外开出的原始凭证必须加盖本单位公章

B. 凭证填写的手续必须完备

C. 原始凭证在填写的时候可以将错误凭证撕毁，重新编制一张

D. 书写清楚、规范

15. 下列属于外来原始凭证的是（　　）。

A. 购进货物发票　　　　　　　　B. 工资发放明细表

C. 限额领料单　　　　　　　　　D. 借款单

16. 在审核原始凭证时，对于真实、合法、合理但内容不够完整、填写有错误的原始凭证，应该（　　）。

A. 拒绝办理，并向本单位负责人报告

B. 予以抵制，对经办人员进行批评

C. 由会计人员重新填制或予以更正

D. 退回给有关经办人员，由其负责将有关凭证补充完整、更正错误或重开

（二）多项选择题

1. 原始凭证的审核内容包括：审核原始凭证（   ）等方面。
   A. 真实性   B. 合法性、合理性
   C. 正确性、及时性   D. 完整性

2. 下列金额表示方法中，正确的是（   ）。
   A. ￥86.00   B. 人民币柒拾陆元整
   C. 人民币伍拾陆元捌角伍分整   D. ￥508.00

3. 下列关于原始凭证汇总表的说法中，正确的有（   ）。
   A. 汇总凭证也称原始凭证汇总表，是指对一定时期内反映经济业务内容相同的若干张原始凭证，按照一定标准综合填制的原始凭证
   B. 合并了同类型经济业务，简化了记账工作量
   C. 发料凭证汇总表属于原始凭证汇总表
   D. 汇总凭证可以将经济业务内容不同的业务汇总在一起，填列在一张汇总原始凭证上

4. 下列关于收料单，说法正确的是（   ）。
   A. 企业购进材料验收入库时，由仓库保管人员根据购入材料的实际验收情况来填制
   B. 一式三联
   C. 一联留仓库，一联随发票账单到会计处报账，一联交采购人员存查
   D. 是一次填制完成的

5. 原始凭证的基本内容包括原始凭证的名称、（   ）、接受凭证单位名称、数量、单价和金额等。
   A. 经办人员的签名或盖章   B. 填制凭证的日期
   C. 经济业务的内容   D. 填制单位名称或填制人员姓名

6. 下列各项中，属于审核原始凭证时应当注意的事项的有（   ）。
   A. 从外单位取得的原始凭证，必须盖有填制单位的公章和填制人员的签章
   B. 自制的原始凭证，必须有经办部门和经办人员的签名或者盖章
   C. 经济业务应当符合国家有关政策、法令、制度的规定
   D. 原始凭证所记录经济业务应当符合会计主体经济活动的需要

7. 制造费用分配表属于（   ）。
   A. 累计凭证   B. 自制原始凭证
   C. 一次凭证   D. 汇总凭证

8. 审核原始凭证的合法性包括审核原始凭证所记录的经济业务（   ）。
   A. 是否违反国家法律法规
   B. 是否有贪污腐败等行为
   C. 是否履行了规定的凭证传递和审查程序
   D. 是否符合有关的计划、预算和合同等规定

9. 下列各项中，（   ）属于填制原始凭证时应当注意的事项。
   A. 编号要连续   B. 不得涂改、刮擦、挖补
   C. 填制要及时   D. 内容要完整

10. 在原始凭证上书写金额数字，正确的有（　　）。
   A. 人民币符号"￥"与阿拉伯数字间不得留有空白，金额数字一律填写到角分
   B. 无角分的，角位和分位可写"00"或者"－"；有角无分的，分位可以写"0"，也可用"－"代替
   C. 大写金额到元或角为止的，后面要写"整"或"正"字，有分的，不写"整"或"正"字
   D. 大写金额前未印有"人民币"字样的，应加写"人民币"三个字，"人民币"字样与大写金额之间不得留有空白

11. 下列关于限额领料单的说法中，正确的有（　　）。
   A. 限额领料单是多次使用的累计领发料凭证
   B. 限额领料单属于一次凭证
   C. 可以简化核算手续
   D. 属于原始凭证

12. 下列各项中，（　　）不能作为原始凭证。
   A. 购货合同　　　　　　　　B. 车间派工单
   C. 材料请购单　　　　　　　D. 工资表

13. 审核记账凭证的金额是否正确，包括以下内容（　　）。
   A. 记账凭证与原始凭证的有关金额是否一致
   B. 记账凭证的应借、应贷科目是否正确
   C. 原始凭证汇总表的金额与记账凭证的金额是否相符
   D. 所附原始凭证是否齐全，内容是否合法

二、职业判断能力训练

1. 汇总凭证只能将类型相同的经济业务进行汇总，不能汇总两类或两类以上的经济业务。汇总原始凭证是有关责任者根据经济管理的需要定期编制的。（　　）

2. 支付款项的原始凭证，要有收款单位和收款人的收款证明，或者已支付款项的有关凭证如银行汇款凭证等代替。（　　）

3. 对于真实、合法、合理但内容不够完整，填写有错误的原始凭证，会计机构和会计人员不予以接受。（　　）

4. 企业在与外单位发生的任何经济业务中，取得的各种书面证明都是原始凭证。（　　）

5. 凭证记载内容有错误的，应当由出具单位重开或更正，不需要盖任何的印章。（　　）

6. 审核原始凭证的正确性，就是要审核原始凭证所记录的经济业务是否符合企业生产经营活动的需要，是否符合有关的计划、预算和合同等规定。（　　）

7. 原始凭证开具单位应当依法开具准确无误的原始凭证，对于填制有误的原始凭证，要承担更正的义务，但是不能重开。（　　）

8. 会计人员必须对原始凭证进行严格审核。对自制原始凭证，必须有经办部门和经办

人员的签名或盖章。( )

9. 如果原始凭证已预先印定编号，在写坏作废时，应加盖"作废"戳记，妥善保管，不得撕毁。( )

10. 原始凭证都是以实际发生或完成的经济业务为依据而填制的。( )

11. 记账凭证对经济业务的发生和完成有证明效力。( )

三、职业应用能力训练

【训练一】

[资料] 2018年12月10日，国美电器厂从新升文化用品公司该买打印纸300包，单价为100元，开出转账支票支付。

[要求] 以出纳张亮的身份，填制一张转账支票（如下图所示）。

任务三 填制、审核记账凭证

一、职业选择能力训练

（一）单项选择题

1. 下列各项中，不属于记账凭证审核内容的是（ ）。
A. 所使用的会计科目是否符合企业会计准则等规定
B. 记账凭证汇总表的内容与其所依据的记账凭证的内容是否一致
C. 审核所记录的经济业务是否符合生产经营活动的需要

D. 审核记账凭证各项目填写是否齐全

2. 下列关于记账凭证填制基本要求的表述中，错误的是（   ）。
   A. 记账凭证可以根据若干张同类原始凭证汇总编制
   B. 记账凭证的书写应清楚、规范
   C. 所有记账凭证都必须附有原始凭证
   D. 发现以前年度记账凭证有误的，应当用蓝字填制一张更正的记账凭证

3. 记账凭证的填制是由（   ）完成的。
   A. 出纳人员   B. 会计人员
   C. 经办人员   D. 主管人员

4. 下列关于收款凭证左上角的会计科目性质的表述中，正确的是（   ）。
   A. 库存商品   B. 固定资产
   C. 借方   D. 贷方

5. （   ）是用来记录现金和银行存款收款业务的记账凭证。
   A. 收款凭证   B. 付款凭证
   C. 转账凭证   D. 复式记账

6. 可以不附原始凭证的记账凭证是（   ）。
   A. 更正错误的记账凭证   B. 从银行提取现金的记账凭证
   C. 以现金发放工资的记账凭证 D. 职工临时性借款的记账凭证

7. 从银行提取现金或把现金存入银行的经济业务，一般（   ）。
   A. 只填制付款凭证，不填制收款凭证   B. 只填制收款凭证，不填制付款凭证
   C. 既填制付款凭证，又填制收款凭证   D. 填制付款凭证或填制收款凭证

8. 记账凭证按凭证的用途可分为（   ）。
   A. 收款凭证、付款凭证和转账凭证   B. 一次凭证、累计凭证和汇总凭证
   C. 复式记账凭证和单式记账凭证   D. 通用记账凭证和专用记账凭证

9. 某公司出纳将公司现金交存开户银行，应编制（   ）。
   A. 现金收款凭证   B. 现金付款凭证
   C. 银行存款收款凭证   D. 银行存款付款凭证

10. 付款凭证左上方的"贷方科目"中可以填写的会计科目有（   ）。
    A. 库存现金   B. 固定资产
    C. 原材料   D. 库存商品

（二）多项选择题

1. 记账凭证与原始凭证的区别有（   ）。
   A. 填制人员不同   B. 填制方式不同
   C. 填制依据不同   D. 发挥作用不同

2. 记账凭证审核的主要内容有（   ）。
   A. 内容是否真实   B. 项目是否齐全
   C. 科目、金额、书写是否正确 D. 填制是否及时

3. 除（   ）的记账凭证可以不附原始凭证外，其他记账凭证必须附有原始凭证。

A. 成本结转 B. 结账
C. 更正错误 D. 提取现金

4. 下列属于记账凭证基本内容的有（   ）。
A. 经济业务事项所涉及的会计科目 B. 记账凭证日期、编号
C. 经济业务事项的摘要和金额 D. 所附原始凭证的张数

5. 下列各项中，（   ）属于记账凭证按照用途不同所分的类别。
A. 通用记账凭证 B. 专用记账凭证
C. 复式记账凭证 D. 单式记账凭证

6. 收款凭证左上方的"借方科目"中可以填写的会计科目有（   ）。
A. 库存现金 B. 产品销售收入
C. 材料 D. 银行存款

7. 审核记账凭证的科目是否正确，包括（   ）。
A. 记账凭证的应借、应贷科目是否正确
B. 计算是否正确
C. 账户对应关系是否清晰
D. 所使用的会计科目及其核算内容是否符合会计制度的规定

8. 下列各项中，属于记账凭证的基本内容有（   ）。
A. 填制凭证的日期和凭证编号
B. 会计科目的名称和金额
C. 所附原始凭证的张数
D. 填制凭证人员、稽核人员、记账人员、会计机构负责人、会计主管人员的签名或盖章

9. 下列各项中，（   ）属于专用记账凭证，按其所记录的经济业务是否与库存现金和银行存款的收付有关所分的类别。
A. 收款凭证 B. 付款凭证
C. 通用凭证 D. 转账凭证

10. 记账凭证填制以后，必须有专人审核，下列各项中属于其审核的主要内容是有（   ）。
A. 是否符合原始凭证
B. 会计分录是否正确，对应关系是否清晰
C. 经济业务是否合法、合规，有无违法乱纪行为
D. 有关项目是否填列完备，有关人员签章是否齐全

二、职业判断能力训练

1. 记账凭证与原始凭证的发挥作用不同是因为原始凭证是记账凭证的附件，是填制记账凭证的依据，而记账凭证是登记账簿的直接依据。（   ）

2. 记账凭证是否附有原始凭证，及其所附原始凭证的张数是否相符，是审核记账凭证的一项重要内容。（   ）

3. 若一笔经济业务涉及的会计科目较多，需填制多张记账凭证的，可采用"分数编号法"。（　　）
4. 收、付款凭证的日期应按照货币收、付的日期填写，转账凭证的日期应按照原始凭证记录的日期填写。（　　）
5. 会计分录应编制在记账凭证上。（　　）
6. 通用记账凭证和专用记账凭证由于均用以记录经济业务，故两者的格式无差别。
（　　）
7. 原始凭证用以记录，证明经济业务已经发生或完成，而记账凭证则依据会计科目对已经发生或完成的经济业务进行归类、整理编制。（　　）
8. 除财产清查，结账和更正错误外，记账凭证必须附有原始凭证。（　　）
9. 记账凭证中必须列明会计科目名称、记账金额、填制凭证的日期等内容。（　　）
10. 单式记账凭证便于分工记账，而复式记账凭证不便于分工记账。（　　）

三、职业应用能力训练

[资料] 某公司 2018 年 6 月发生如下经济业务：
（1）6 月 2 日，从佳美公司购进甲材料一批，货款 10 000 元，增值税额 1600 元，运杂费 200 元，已用银行存款支付，材料已验收入库。
（2）6 月 3 日，通过银行向华新公司预付材料货款 20 000 元。
（3）6 月 5 日，收到投资者追加投资 50 000 元，存入银行。
（4）6 月 6 日，采购员王冬预借差旅费 500 元，以现金付讫。
（5）6 月 10 日，从银行提取现金 30 000 元，备发工资。
（6）6 月 10 日，以现金 30 000 元发放职工工资。
（7）6 月 11 日，向茂业公司销售 A 产品一批，货款 20 000 元，增值税额 3200 元，款项存入银行。
（8）6 月 12 日，收到天洋公司预付的购货款 70 000 元，存入银行。
（9）6 月 14 日，采购员王冬回到公司报销差旅费 400 元，余款以现金交回。
（10）6 月 15 日，签发现金支票 200 元，支付行政管理部门办公费用。
（11）6 月 20 日，以银行存款 450 元支付产品销售广告费。
（12）6 月 22 日，以现金 400 元支付职工生活困难补助。
（13）6 月 30 日，汇总本月从仓库领用材料 56 000 元。其中，生产 A 产品耗用 30 000 元，生产 B 产品耗用 20 000 元，车间一般耗用 2 000 元，管理部门耗用 4 000 元。
（14）6 月 30 日，结算本月工资 52 000 元，分配情况如下：生产 A 产品工人工资 24 000 元，生产 B 产品工人工资 20 000 元，车间管理人员工资 3 000 元，厂部行政管理人员工资 5 000 元。
（15）6 月 30 日，计提本月固定资产折旧 8 800 元。其中：车间用固定资产折旧 6 000 元，行政管理部门用固定资产折旧 2 800 元。月末，将制造费用 11 000 元分配给 A 产品 6 000 元、B 产品 5 000 元。
（16）6 月 30 日，本月 A、B 产品全部完工，结转完工 A 产品的实际成本 60 000 元，结转完工 B 产品的实际成本 45 000 元。

(17) 6 月 30 日，结转已售 A 产品生产成本 12 000 元。

(18) 6 月 30 日，计提本月短期借款利息 1 000 元。

(19) 6 月 30 日，计算本月应交所得税 6 000 元。

(20) 6 月 30 日，提取法定盈余公积金 5 000 元。

［要求］分析上述经济业务编制如下图所示收款凭证、付款凭证和转账凭证。

收款凭证

借方科目	
借方	
科目	

凭证编号		
顺序号		
分号	字号	

年　月　日

摘要	贷方总账科目	明细科目	借或贷	金额 千百十万千百十元角分
合　　计				

附单据　　张

财务主管　　记账　　出纳　　审核　　制单

付款凭证

贷方科目	
编号	
名称	

凭证编号		
顺序号		
分号	字号	

年　月　日

摘要	借方科目		过页	金额
	编号及总账科目	明细科目		千百十万千百十元角分
合　　计				

会计主管　　记账　　审核　　付款　　制证　　收款

付款凭证

贷方科目	
编号	
名称	

凭证编号		
顺序号		
分号	字号	

年　月　日

摘要	借方科目		过页	金额
	编号及总账科目	明细科目		千百十万千百十元角分
合　　计				

会计主管　　记账　　审核　　付款　　制证　　收款

付款凭证

贷方科目					
编号					
名称					

凭证编号
顺序号
分号　字号

年　月　日

摘要	借方科目		过页	金额
	编号及总账科目	明细科目		千百十万千百十元角分
合计				

会计主管　记账　审核　付款　制证　收款

收款凭证

借方科目	
借方	
科目	

凭证编号
顺序号
分号　字号

年　月　日

摘要	贷方总账科目	明细科目	借或贷	金额
				千百十万千百十元角分
合计				

附单据　　张

财务主管　记账　出纳　审核　制单

付款凭证

贷方科目	
编号	
名称	

凭证编号
顺序号
分号　字号

年　月　日

摘要	借方科目		过页	金额
	编号及总账科目	明细科目		千百十万千百十元角分
合计				

会计主管　记账　审核　付款　制证　收款

贷方科目		付 款 凭 证		凭证编号		
编号				顺序号		
名称		年 月 日		分号	字	号

摘 要	借 方 科 目		过页	金 额								
	编号及总账科目	明细科目		千	百	十	万	千	百	十	元	角	分
合 计												

会计主管　　记账　　审核　　付款　　制证　　收款

贷方科目		付 款 凭 证		凭证编号		
编号				顺序号		
名称		年 月 日		分号	字	号

摘 要	借 方 科 目		过页	金 额								
	编号及总账科目	明细科目		千	百	十	万	千	百	十	元	角	分
合 计												

会计主管　　记账　　审核　　付款　　制证　　收款

贷方科目		付 款 凭 证		凭证编号		
编号				顺序号		
名称		年 月 日		分号	字	号

摘 要	借 方 科 目		过页	金 额								
	编号及总账科目	明细科目		千	百	十	万	千	百	十	元	角	分
合 计												

会计主管　　记账　　审核　　付款　　制证　　收款

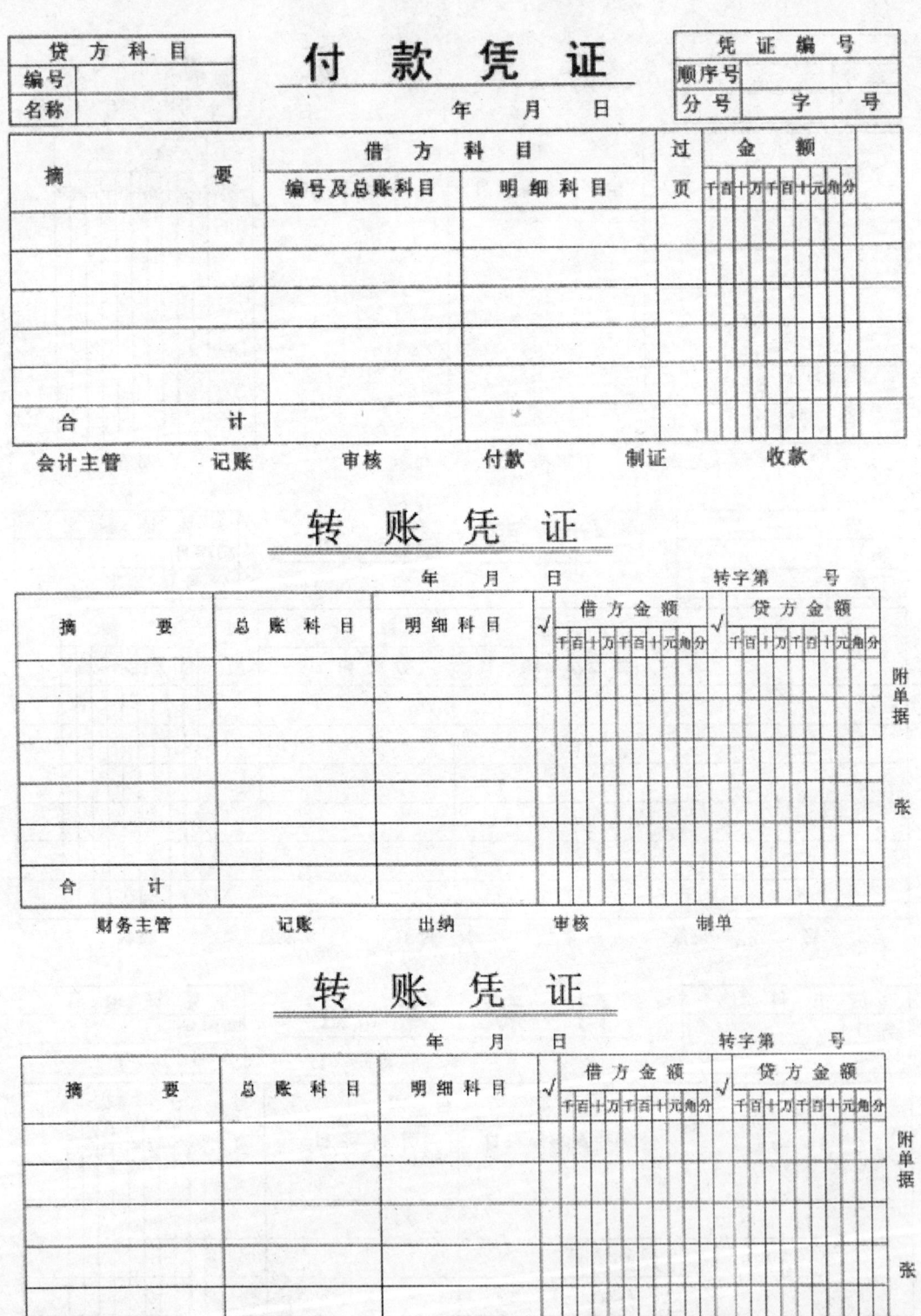

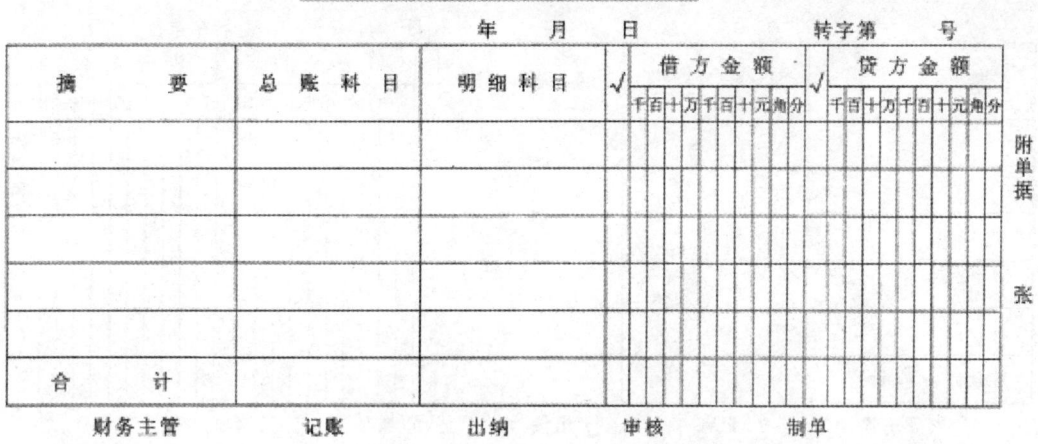

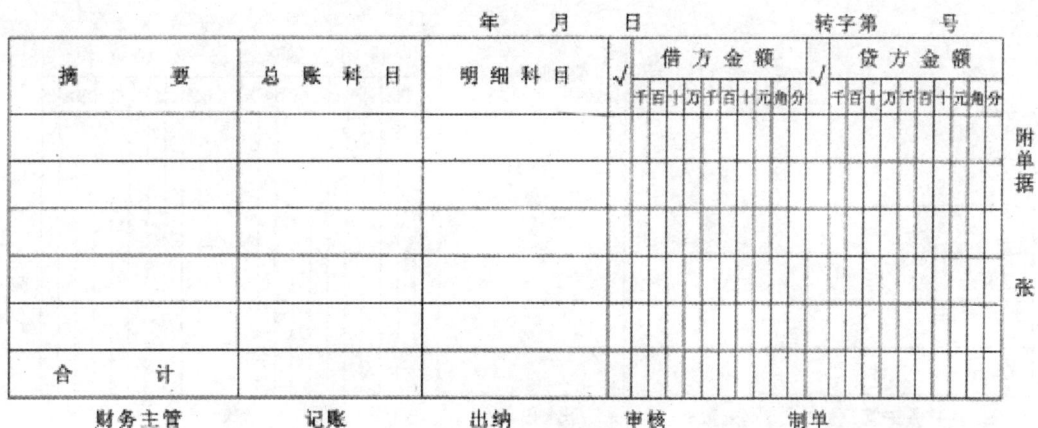

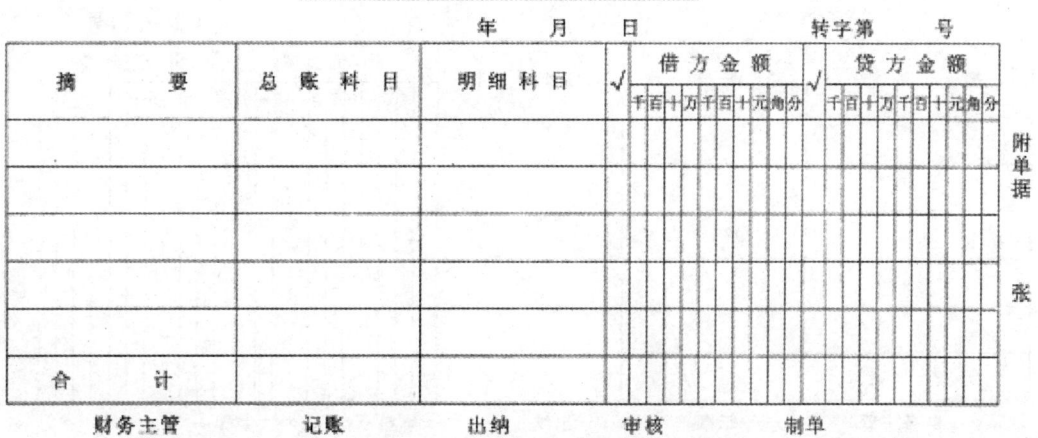

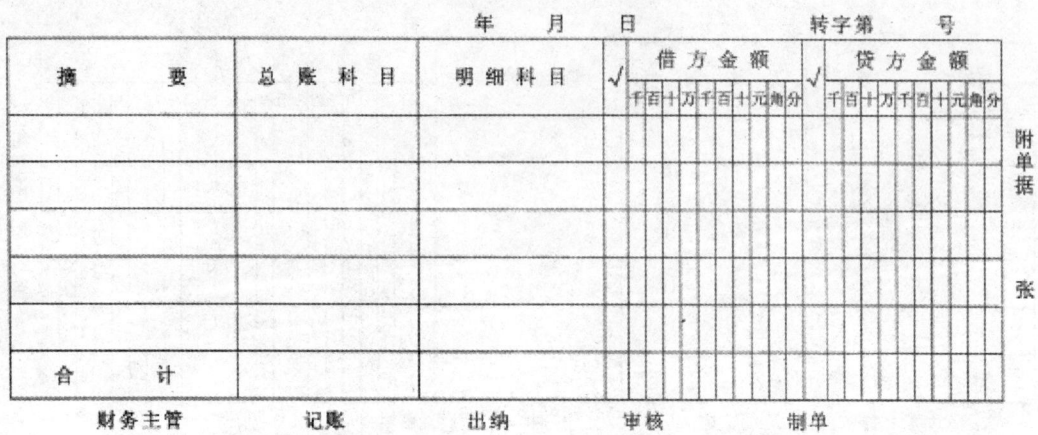

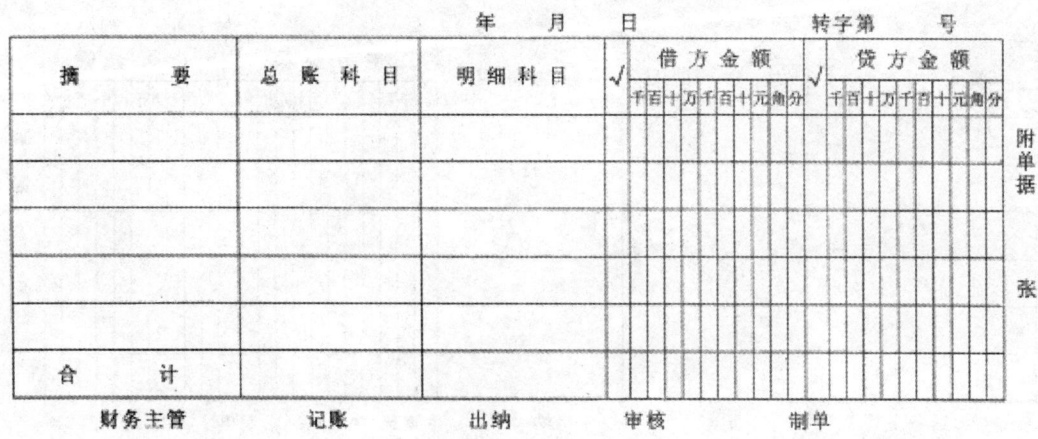

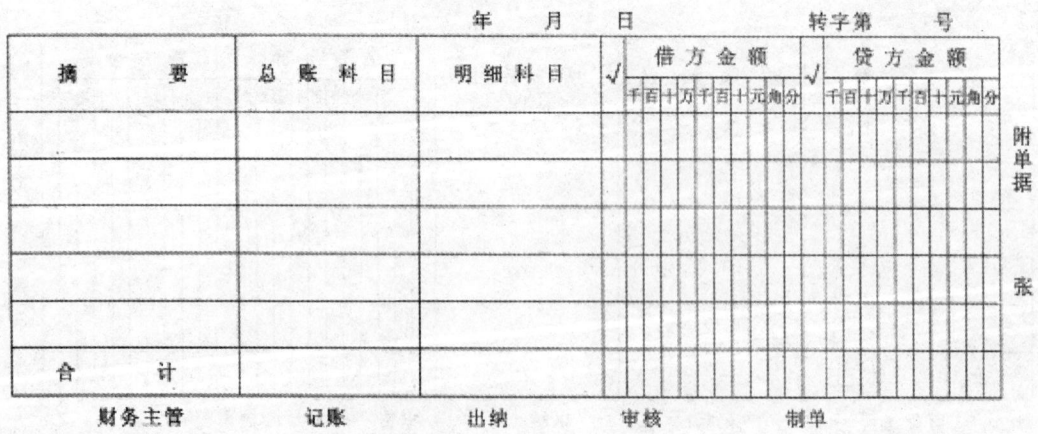

转 账 凭 证

年　月　日　　　　　　　转字第　　号

摘要	总账科目	明细科目	√	借方金额 千百十万千百十元角分	√	贷方金额 千百十万千百十元角分
合　计						

财务主管　　　记账　　　出纳　　　审核　　　制单

附单据　　张

任务四　传递、保管会计凭证

一、职业选择能力训练

（一）单项选择题

1. 会计凭证的传递，是指（　　）在单位内部有关部门和人员之间的传递程序。
   A. 会计凭证的取得或填制时起至归档保管过程中
   B. 会计凭证的填制到登记账簿止
   C. 会计凭证审核后到归档止
   D. 会计凭证的填制或取得到汇总登记账簿止

2. 其他单位如果因特殊原因需要使用原始凭证时，经本单位会计机构负责人批准，下列行为中，正确的是（　　）。
   A. 只可以查阅不能复制　　　　B. 可以外借
   C. 可以复制　　　　　　　　　D. 不可查阅或复制

3. 关于会计凭证的保管，下列说法不正确的是（　　）。
   A. 会计凭证应定期装订成册，防止散失
   B. 会计主管人员和保管人员应在封面上签章
   C. 原始凭证不得外借，其他单位如有特殊原因确实需要使用时，经本单位会计机构负责人（会计主管人员）批准，可以复制
   D. 经单位领导批准，会计凭证在保管期满前可以销毁

4. 关于会计凭证的保管，错误的说法是（   ）。
A. 未设立档案机构的，应当在会计机构内部指定专人保管
B. 原始凭证可以外借
C. 会计凭证不得任意销毁
D. 出纳人员不得监管会计档案

5. 会计凭证的传递是指会计凭证从（   ）保管过程中，在单位内部各有关部门和人员之间的传递。
A. 取得或填制时起至装订   B. 取得或填制时起至归档
C. 取得或填制时起至销毁   D. 取得或填制时起至年末

6. 会计凭证的传递范围是在（   ）。
A. 本单位与外单位有关部门和人员之间
B. 本单位内部有关部门和人员之间
C. 本单位与税收部门和人员之间
D. 本单位与银行之间

7. 关于会计凭证的装订和保管，下列表述不正确的是（   ）。
A. 会计凭证必须按照归档制度妥善整理和保管，形成会计档案，便于随时查阅
B. 对检查无误的会计凭证要按顺序号排列，折叠整齐装订成册并加具封面
C. 如果某些记账凭证的原始凭证数量过多也可以单独装订保管，但应在其封面及有关记账凭证上加注说明
D. 合同、契约、押金收据等重要原始凭证必须装订成册，不得单独保管以防散失

（二）多项选择题

1. 在会计凭证的封面中，（   ）是应该注明的。
A. 年度   B. 会计主管人员
C. 装订人员   D. 月份

2. 在制定会计凭证传递程序和方法时，应当注意考虑（   ）。
A. 会计凭证的传递程序
B. 会计凭证在每个传递环节上停留的时间
C. 会计凭证交接的签收制度
D. 会计凭证的整理、归类和装订成册

3. 会计凭证封面应注明（   ）等事项。
A. 单位名称   B. 单位负责人
C. 会计主管人员   D. 凭证种类和张数

4. 关于会计凭证的内容，以下说法正确的有（   ）。
A. 会计凭证是指记录经济业务发生或者完成情况的书面证明，是登记账簿的依据。
B. 只有经过审核无误的会计凭证才能作为登记账簿的依据
C. 单位的档案部门可以出借原始凭证
D. 单位的管理阶层可以出借原始凭证

5. 下列各项中，（   ）属于会计凭证的归档保管注意事项。

A. 原始凭证不得外借，其他单位如有特殊原因确实需要使用时，可以复制

B. 原始凭证较多时，可单独装订，但应在凭证封面注明所属记账凭证的日期、编号和种类

C. 每年装订成册的会计凭证，在年度终了时可暂由单位会计机构保管一年，期满后应当移交本单位档案机构统一保管

D. 出纳人员可以兼管会计档案

6. 确定会计凭证的传递程序应考虑的因素有（　　）。

A. 经济业务特点　　　　　　　B. 内部机构设置

C. 人员分工的要求　　　　　　D. 管理要求

7. 关于会计凭证的保管，正确的说法是（　　）。

A. 未设立档案机构的，应当在会计机构内部指定专人保管

B. 原始凭证可以外借

C. 会计凭证不得任意销毁

D. 出纳人员不得监管会计档案

8. 下列关于会计凭证的传递的说法正确的有（　　）。

A. 会计凭证的传递是指从会计凭证的取得或填制时起至归档保管过程中，在单位内部有关部门和人员之间的传送程序

B. 规定传递程序

C. 确定传递时间

D. 建立会计凭证交接的签收制度

9. 会计凭证保管的内容包括（　　）。

A. 整理会计凭证　　　　　　　B. 装订会计凭证

C. 归档存查会计凭证　　　　　D. 加具封面并签章

10. 其他单位因特殊原因需要使用本单位的原始凭证，正确的做法是（　　）。

A. 可以外借

B. 将外借的会计凭证拆封抽出

C. 不得外借，经本单位会计机构负责人或会计主管人员批准，可以复制

D. 将向外单位提供的凭证复印件在专设的登记簿上登记

二、职业判断能力训练

1. 确定会计凭证传递程序和方法时，应着重考虑会计凭证的整理、归类和装订成册。
（　　）

2. 单位如有特殊原因确实需要使用原始凭证时，经本单位会计机构负责人（会计主管人员）批准，可以向外单位提供原始凭证复印件。（　　）

3. 会计凭证的保管是指从会计凭证的取得或填制时起至归档保管过程中，在单位内部有关部门和人员之间的传送程序。（　　）

4. 会计凭证的传递是指会计凭证记账后的整理、装订、归档和存查工作。（　　）

5. 在会计档案的保管过程中，单位的档案部门以及单位的管理阶层可以自行出借原始

凭证。 （　　）

6. 会计凭证保管时，未设立档案机构的，应当在会计机构内部指定专人保管。（　　）

7. 原始凭证不得外借，其他单位如有特殊原因确实需要使用时，经本单位会计机构负责人（会计主管人员）批准，可以复制。 （　　）

8. 记账凭证所附的原始凭证数量过多，也可以单独装订保管，但应在其封面及有关记账凭证上加注说明。 （　　）

9. 从外单位取得的原始凭证遗失时，必须补办一模一样的原始凭证。 （　　）

10. 往年的原始凭证不用再保管，可以直接销毁。 （　　）

项目七 Project 7

登记账簿

任务一 会计账簿概述

一、职业选择能力训练

（一）单项选择题

1. 下列账簿组成部分中，（ ）作为记录经济业务事项的载体。
   A. 封面   B. 扉页
   C. 账页   D. 说明

2. 由具有一定格式账页组成的，以审核无误的会计凭证为依据，全面、系统、连续地记录各项经济业务的簿籍称为（ ）。
   A. 会计账簿   B. 会计账户
   C. 序时账簿   D. 分类账簿

3. 会计账簿是指由一定格式账页组成的，以经过审核的（ ）为依据，全面、系统、连续地记录各项经济业务的簿籍。
   A. 原始凭证   B. 记账凭证
   C. 会计凭证   D. 账页

4. 会计报表中各个项目的数字，其直接来源是（ ）。
   A. 原始凭证   B. 记账凭证
   C. 日记账   D. 账簿记录

5. 下列账户的明细账采用三栏式账页的是（ ）。
   A. 管理费用   B. 销售费用
   C. 库存商品   D. 应收账款

6. 一般情况下，不需要根据记账凭证登记的账簿是（ ）。
   A. 总分类账   B. 明细分类账

C. 日记账 D. 备查账

7. 固定资产明细账一般采用（ ）。
A. 订本式账簿 B. 卡片式账簿
C. 活页式账簿 D. 多栏式明细分类账

8. "管理费用"明细账一般采用的格式是（ ）。
A. 借、贷、余三栏式 B. 数量金额式的明细账格式
C. 多栏式明细账 D. 任意一种明细账格式

9. "实收资本"明细账的账页可以采用（ ）。
A. 三栏式 B. 活页式
C. 数量金额式 D. 卡片式

10. 多栏式明细账一般适用于（ ）。
A. 收入费用类账户 B. 所有者权益类账户
C. 资产类账户 D. 负债类账户

11. 应收账款明细账的账页格式一般采用（ ）。
A. 三栏式 B. 数量金额式
C. 多栏式 D. 任意一种明细账格式

（二）多项选择题

1. 下列关于会计账簿启用的说法中，正确的有（ ）。
A. 启用会计账簿时，应在账簿封面上写明单位名称和账簿名称
B. 启用会计账簿时，应在账簿扉页上附启用表
C. 启用订本式账簿时应当从第一页到最后一页顺序编定页数，不得跳页、缺号
D. 在年度开始，启用新账簿时，应把上年度的年末余额记入新账的第一行

2. 账簿按其格式不同，可分为（ ）。
A. 订本式账簿 B. 三栏式账簿
C. 多栏式账簿 D. 数量金额式账簿

3. 下列明细账可以采用数量金额式账簿的有（ ）。
A. 原材料明细账 B. 库存商品明细账
C. 制造费用明细账 D. 应收账款明细账

4. 下列关于备查账簿表述正确的是（ ）。
A. 备查账簿不是依据会计凭证登记、没有固定的格式
B. 备查账簿用文字来记录主要账簿中没有记录的经济业务
C. 每个单位都应设置备查账簿
D. 备查账簿可以连续使用，不必每年更换

5. 下列建立备查账的账簿是（ ）。
A. 租入的固定资产 B. 购入的固定资产
C. 受托加工材料 D. 应收票据贴现

6. 下列明细账中可以采用三栏式账页的有（ ）。
A. 应收账款明细账 B. 原材料明细账

C. 材料采购明细账 　　　　　　　D. 现金日记账

7. 数量金额式明细分类账的账页格式一般适用于（　　）。

　A. 库存商品明细账 　　　　　　B. 应交税金明细账

　C. 应付账款明细账 　　　　　　D. 原材料明细账

8. 下列应设置备查账簿登记的事项有（　　）。

　A. 固定资产卡片 　　　　　　　B. 本单位已采购的材料

　C. 临时租入的固定资产 　　　　D. 本单位受托加工材料

9. 账簿按其外表形式分，可以分为（　　）。

　A. 三栏式 　　　　　　　　　　B. 订本式

　C. 卡片式 　　　　　　　　　　D. 活页式

10. 下列适用多栏式明细账的是（　　）。

　A. 生产成本 　　　　　　　　　B. 制造费用

　C. 材料采购 　　　　　　　　　D. 应付账款

二、职业判断能力训练

1. 在登记各种账簿时，可以根据需要隔页、跳行。　　　　　　　　　　（　　）
2. 启用订本式账簿时应当从第一页到最后一页顺序编定页数，可以跳页，不得缺号。
　　　　　　　　　　　　　　　　　　　　　　　　　　　　　　　　（　　）
3. 三栏式明细分类账是设有数量、单价和金额三个栏目，用以分类核算各项经济业务，提供详细核算资料的账簿。　　　　　　　　　　　　　　　　　　　　（　　）
4. 有些企业可以不设置总分类账。　　　　　　　　　　　　　　　　（　　）
5. 三栏式账簿是指具有日期、摘要、金额三个金额栏目格式的账簿。（　　）
6. 订本账在同一时间只能由一人登记，这样不便于记账人员分工记账。（　　）
7. 为便于管理，"应收账款""应付账款"的明细账必须采用多栏式明细分类账格式。
　　　　　　　　　　　　　　　　　　　　　　　　　　　　　　　　（　　）
8. 在明细账的核算中，只需要进行金额核算的，必须使用三栏式明细账。（　　）
9. 多栏式明细账一般适用于资产类账户。　　　　　　　　　　　　　（　　）
10. 账簿按其用途不同，可分为订本式账簿、活页式账簿和卡片式账簿。（　　）

任务二 设置与登记会计账簿

一、职业选择能力训练

（一）单项选择题

1. 下面关于账页格式的选择，表述错误的是（　　）。
   A. 现金日记账的格式主要有三栏式和多栏式
   B. 总分类账以及资本、债权、债务明细账一般采用三栏式
   C. 收入、成本、费用明细账一般采用三栏式
   D. 原材料、库存商品等存货明细账一般采用数量金额式

2. 对所发生的每项经济业务事项，都要以会计凭证为依据，一方面记入有关总分类账户，另一方面记入总账所属明细分类账户。下列选项中，正确表明该方法的是（　　）。
   A. 复式记账法　　　　　　　B. 平行登记法
   C. 借贷记账法　　　　　　　D. 同时登记法

3. 下列账簿形式中，（　　）适用于原材料、库存商品等存货类明细账。
   A. 三栏式　　　　　　　　　B. 多栏式
   C. 数量金额式　　　　　　　D. 横线登记式

4. 三栏式银行存款日记账属于（　　）。
   A. 序时账　　　　　　　　　B. 明细账
   C. 总分类账　　　　　　　　D. 备查账

5. 下列关于现金日记账的表述中，正确的是（　　）。
   A. 现金日记账应当每月结出发生额和余额
   B. 现金日记账应当每十五天结出发生额
   C. 现金日记账应当每隔三至五天结出余额
   D. 现金日记账应当每日结出发生额和余额

6. 多栏式现金日记账（　　）登记的是现金实际收付的金额。
   A. 收入和支出栏　　　　　　B. 凭证栏
   C. 摘要栏　　　　　　　　　D. 对方科目栏

7. 下列各账簿中，必须逐日逐笔登记的是（　　）。
   A. 库存现金总账　　　　　　B. 银行存款日记账
   C. 库存商品明细账　　　　　D. 原材料明细账

8. 关于会计账簿的登记要求，错误的是（　　）。
   A. 账簿记录中的日期，应该填写原始凭证上的日期

B. 在不设借贷等栏的多栏式账页中，登记减少数可以使用红色墨水

C. 在登记各种账簿时，应按页次顺序连续登记，不得隔页、跳行

D. 对于没有余额的账户，应在"借或贷"栏内写"平"字，并在"余额"栏用"0"表示

9. 下列关于订本账的表述，错误的是（　　）。

A. 订本账是启用之前就已将账页装订在一起，并对账页进行了连续编号的账簿

B. 订本账的优点是能避免账页散失和防止抽换账页，其缺点是不能准确地为各账户预留账页

C. 这种账簿一般适用于总分类账、现金日记账、银行存款日记账

D. 所有的账簿都必须采用订本账

10. 下列明细分类账中，（　　）可以采用多栏式账簿。

A. 应付账款明细分类账　　　　B. 实收资本明细分类账

C. 库存商品明细分类账　　　　D. 管理费用明细分类账

11. 关于三栏式账簿，错误的是（　　）。

A. 三栏式账簿是设有借方、贷方和余额三个基本栏目的账簿

B. 各种收入、费用类明细账都采用三栏式账簿

C. 三栏式账簿又分为设对方科目和不设对方科目两种

D. 有"对方科目"栏的，称为设对方科目的三栏式账簿

12. （　　）提供的核算信息是编制会计报表的主要依据。

A. 会计凭证　　　　　　　　　B. 序时账簿

C. 分类账簿　　　　　　　　　D. 总分类账

13. 下列账簿中可以采用卡片账的是（　　）。

A. 原材料总分类账　　　　　　B. 现金日记账

C. 固定资产明细分类账　　　　D. 固定资产总分类账

14. 会计账簿可按不同的标准进行分类，下列属于按用途划分的账簿类别是（　　）。

A. 数量金额式明细账　　　　　B. 活页账

C. 订本账　　　　　　　　　　D. 序时账

15. 订本式账簿主要适用于（　　）。

A. 债权、债务明细账　　　　　B. 收入、费用明细账

C. 材料、商品明细账　　　　　D. 总账、日记账

16. 记账人员登记完毕账簿后，要在记账凭证上注明已记账的符号，主要是（　　）。

A. 便于明确记账责任　　　　　B. 避免错行或隔页

C. 避免重记或漏记　　　　　　D. 防止凭证丢失

（二）多项选择题

1. 关于明细分类账，正确的说法是（　　）。

A. 明细分类账是根据二级账户或明细账户开设账页，分类、连续地登记经济业务以提供明细核算资料的账簿

B. 明细分类账所提供的资料也是编制会计报表的依据之一

C. 明细分类账一般采用订本式账簿

D. 有的明细分类账可以采用卡片式账簿

2. 总分类账可以根据（　　）登记。

A. 记账凭证　　　　　　　　B. 科目汇总表

C. 汇总记账凭证　　　　　　D. 试算平衡表

3. 下列（　　）明细账既可逐日逐笔登记，也可定期汇总登记。

A. 固定资产　　　　　　　　B. 库存商品

C. 应收账款　　　　　　　　D. 管理费用

4. 下列各项中，（　　）可以作为银行存款日记账的记账依据。

A. 库存现金收款凭证　　　　B. 库存现金付款凭证

C. 银行存款收款凭证　　　　D. 银行存款付款凭证

5. 常见的特种日记账主要是指（　　）。

A. 现金日记账　　　　　　　B. 银行存款日记账

C. 收入日记账　　　　　　　D. 固定资产日记账

6. 银行存款日记账通常是由出纳人员根据审核后的（　　）逐日逐笔按照先后顺序进行登记。

A. 银行存款收款凭证　　　　B. 银行存款付款凭证

C. 现金收款凭证登记　　　　D. 现金付款凭证登记

7. 登记会计账簿时，下列说法正确的有（　　）。

A. 要使用蓝黑墨水钢笔书写　B. 月末结账划线可用红色墨水笔

C. 在某些特定条件下可使用铅笔　D. 在规定范围内可以使用红色墨水

8. 下列应采用多栏式账页格式的是（　　）。

A. 原材料明细分类账　　　　B. 主营业务收入明细分类账

C. 管理费用明细分类账　　　D. 制造费用明细分类账

9. 下列各项中，（　　）属于会计账簿的主要分类标准。

A. 用途　　　　　　　　　　B. 账页格式

C. 外形特征　　　　　　　　D. 金额

10. 活页式账簿的主要缺点有（　　）。

A. 使用不灵活，不便于分工　B. 账页易散失

C. 账页容易被抽换　　　　　D. 不能有效防止记账差错

11. 下列一般采用两栏式的有（　　）。

A. 现金日记账　　　　　　　B. 普通日记账

C. 银行存款日记账　　　　　D. 转账日记账

12. 下列账簿中，属于按照账页格式的不同分类的有（　　）。

A. 横线登记式账簿　　　　　B. 三栏式账簿

C. 数量金额式账簿　　　　　D. 多栏式账簿

13. 备查账簿与序时账簿、分类账簿的不同在于（　　）。

A. 登记依据不同　　　　　　B. 账簿格式不同

C. 登记方法不同　　　　　　D. 账簿种类不同

二、职业判断能力训练

1. 账簿只是一个外在形式,账户才是它的真实内容。账簿与账户的关系,是形式和内容的关系。（ ）
2. 总分类账和明细分类账平行登记要求做到方向相同,期间一致,金额相等。（ ）
3. 期末进行试算平衡时,发现所有总分类科目的本期借方发生额合计数与所有总分类科目的本期贷方发生额合计数不相等,则说明科目记录不正确。（ ）
4. 费用明细账一般均采用三栏式账簿。（ ）
5. 总分类账户记入借方,明细分类账户也记入借方；总分类账户记入贷方,明细分类账户也记入贷方。（ ）
6. 明细账一般是逐笔登记,也可以定期汇总登记。（ ）
7. 明细分类账可以根据原始凭证直接登记,也可以根据汇总原始凭证登记,还可以根据记账凭证登记。（ ）
8. 三栏式或多栏式现金日记账,可以使用活页账。（ ）
9. 现金日记账是由出纳人员根据审核无误的现金收、付款凭证和转账凭证按照经济业务的发生顺序,逐日、逐笔序时登记。（ ）
10. 三栏式账簿是指具有日期、摘要、金额三个栏目格式的账簿。（ ）

三、职业应用能力训练

[资料] 光华公司2018年5月31日银行存款日记账余额为150 000元,现金日记账的余额为22 000元,6月份发生下列经济业务：

（1）6月1日,以现金20 000元存入银行（付字01号）。
（2）6月2日,收到上月销售产品的货款80 000元,存入银行（收字01号）。
（3）6月14日,以银行存款偿付前欠货款40 000元（付字02号）。
（4）6月15日,采购员小王预支差旅费1 000元（付字03号）。
（5）6月17日,从银行提取现金3 000元备用（付字04号）。
（6）6月18日,用银行款偿还短期借款100 000元（付字05号）。
（7）6月28日,提取现金58 000元,备发工资（付字06号）。
（8）6月28日,以现金发放工资58 000元（付字07号）。
（9）6月29日,用银行存款上交税费3 700元（付字08号）。
（10）6月30日,小王报销差旅费1 200元,补付200元现金（付字09号）。

[要求] 登记银行存款日记账和现金日记账,格式见下页。

年		凭证		摘要	对方科目	√	收入（借方）金额	付出（贷方）金额	借或贷	结余金额	√
月	日	字	号				千百十万千百十元角分	千百十万千百十元角分		千百十万千百十元角分	

库存现金日记账

银行存款日记账

年		凭证		摘要	对方科目	√	收入（借方）金额	支出（贷方）金额	借或贷	结余金额	√
月	日	字	号				千百十万千百十元角分	千百十万千百十元角分		千百十万千百十元角分	

任务三　对账

一、职业选择能力训练

（一）单项选择题

1. 下列关于总账和明细账的表述中，正确的是（　　）。

A. 明细账根据明细分类科目设置

B. 总账的余额不一定等于其所属明细账的余额的合计数
C. 所有资产类总账的余额合计数应等于所有负债总账的余额合计数
D. 现金日记账实质上就是现金的总账

2. （　　）就是核对账目，是指对账簿记录所进行的核对工作。

A. 对账　　　　　　　　　　　　B. 结账
C. 错账更正　　　　　　　　　　D. 试算平衡

3. 银行存款日记账与银行对账单之间的核对属于（　　）。

A. 账证核对　　　　　　　　　　B. 账账核对
C. 账实核对　　　　　　　　　　D. 余额核对

4. 下列关于银行存款账实核对的表述中，正确的是（　　）。

A. 将银行存款日记账的余额与银行存款的收付款凭证核对
B. 将银行存款日记账的余额与总账中的银行存款账核对
C. 将银行存款日记账的余额与银行对账单核对
D. 将银行存款日记账的余额与银行金库中存款的实有数核对

5. 对账就是核对账目，其主要内容包括（　　）。

A. 账实核对，账表核对，账账核对　　B. 账账核对，账证核对，账表核对
C. 账账核对，账证核对，表表核对　　D. 账证核对，账账核对，账实核对

6. 下列关于对账的表述，不正确的是（　　）。

A. 对账工作一般在月末进行，即在记账之后结账之前进行
B. 对账的内容包括账证核对、账账核对、账实核对、证表核对
C. 账证核对是指账簿记录与原始凭证、记账凭证的核对
D. 账实核对是指各项财产物资、债权债务等账面余额与实有数额之间的核对

7. 明细账应与记账凭证或原始凭证相核对属于（　　）。

A. 账证核对　　　　　　　　　　B. 账账核对
C. 账实核对　　　　　　　　　　D. 余额核对

8. 现金日记账账面余额应与现金实际库存数逐日核对相符属于（　　）。

A. 账证核对　　　　　　　　　　B. 账账核对
C. 账实核对　　　　　　　　　　D. 余额核对

9. 下列不属于账证核对的是（　　）。

A. 日记账应与收、付款凭证相核对
B. 总账全部账户的借方期末余额合计数应与贷方期末余额合计数核对相符
C. 总账应与记账凭证相核对
D. 明细账应与记账凭证或原始凭证相核对

10. 下列关于对账的意义，说法不正确的是（　　）。

A. 能够保证账簿记录的准确无误和编制会计报表数字的真实可靠
B. 能够发现会计工作中的薄弱环节，有利于会计核算质量的不断提高
C. 能够加强单位内部控制，建立健全经济责任制
D. 能够提高会计人员的工作效率

11. 下列各项中，不属于账账核对内容的是（　　）。

A. 所有总账账户的借方发生额合计与所有总账账户的贷方发生额合计核对
B. 本单位的应收账款账面余额与对方单位的应付账款账面余额之间核对
C. 现金日记账和银行存款日记账的余额与其总账账户余额核对
D. 会计部门有关财产物资明细账余额与保管、使用部门的财产物资明细账余额之间核对

（二）多项选择题

1. 账簿与账户的关系是（   ）。
A. 账户存在于账簿之中，账簿中的每一账页就是账户的存在形式和载体
B. 没有账簿，账户就无法存在
C. 账簿序时、分类地记载经济业务，是在个别账户中完成的
D. 账簿只是一个外在形式，账户才是它的真实内容

2. 下列关于会计账簿与账户关系的说法中，正确的有（   ）。
A. 账户存在于账簿之中，账簿中的每一账页就是账户的存在形式和载体
B. 没有账簿，账户就无法存在
C. 账簿只是一个外在形式，账户才是其真实内容
D. 账簿与账户的关系是形式和内容的关系

3. 对账的主要内容包括（   ）。
A. 账证核对　　　　　　　　B. 账账核对
C. 账实核对　　　　　　　　D. 证表核对

4. 下列属于对账内容的是（   ）。
A. 明细账与总账核对　　　　B. 库存商品账和实物核对
C. 往来账与业务合同核对　　D. 记账凭证与原始凭证核对

5. 账实核对是指账簿与财产物资实有数额是否相符，具体包括（   ）核对。
A. 现金日记账余额与实际库存数
B. 银行存款日记账余额与银行对账单余额
C. 各种财物明细账余额与实存额
D. 债权、债务明细账余额与对方单位或个人的记录（往来对账）

6. 现金日记账对账的内容包括（   ）。
A. 账证核对　　　　　　　　B. 账账核对
C. 账表核对　　　　　　　　D. 账实核对

7. 下列关于对账的意义，说法正确的是（   ）。
A. 能够保证账簿记录的准确无误和编制会计报表数字的真实可靠
B. 能够发现会计工作中的薄弱环节，有利于会计核算质量的不断提高
C. 能够加强单位内部控制，建立健全经济责任制
D. 能够提高会计人员的工作效率

8. 下列关于对账的表述，正确的是（   ）。
A. 对账工作一般在月末进行，即在记账之后结账之前进行
B. 对账的内容包括账证核对、账账核对、账实核对、证表核对
C. 账证核对是指账簿记录与原始凭证、记账凭证的核对

D. 账实核对是指各项财产物资、债权债务等账面余额与实有数额之间的核对

二、职业判断能力训练

1. 现金日记账和银行存款日记账期末余额应分别同有关总分类账户的期末余额核对，属于账账核对。（   ）

2. 对账就是在会计期末（月末，季末，年末）将本期内所有发生的经济业务全部登记入账以后，计算出本期发生额和期末发生额。（   ）

3. 银行存款日记账的账面余额，应同开户银行寄送企业的银行对账单相核对，一般至少一年核对一次。（   ）

4. 会计部门有关库存商品的明细账与保管部门库存商品明细账核对属于账实核对的内容。（   ）

5. 现金日记账账面余额应每天与现金实存数相核对，不准以借条抵充现金与挪用现金，做到日清月结。（   ）

6. 通过平行登记，可以使总分类账户与其所属明细分类账户保持统驭关系，便于核对与检查，纠正错误与遗漏。（   ）

7. 本单位的应收账款账面余额与对方单位的应付账款账面余额之间核对也属于账账核对。（   ）

8. 账证核对、账账核对、账实核对、证表核对都属于对账的内容。（   ）

9. 往来账与业务合同核对，属于账实核对。（   ）

10. 账实核对是指各项财产物资、债权债务等账面余额与实有数额之间的核对。（   ）

任务四　结账

一、职业选择能力训练

（一）单项选择题

1. 需要结计本年累计发生额的账户，结计"过次页"的合计数为（   ）。
   A. 年初起至本日止累计数　　　　B. 自年初起至本页末止累计数
   C. 自月初至本页末止累计数　　　D. 自本页初至本页末止累计数

2. 年终结账，将余额结转下年时，（   ）。
   A. 不需要编制记账凭证，但应将上年账户的余额反向结平才能结转下年
   B. 应编制记账凭证，并将上年账户的余额反向结平
   C. 不需要编制记账凭证，也不需要将上年账户的余额结平，直接注明"结转下年"

即可

D. 应编制记账凭证予以结转，但不需要将上年账户的余额反向结平

3. 结账时，应当划通栏双红线的是（   ）。

A. 12月末结出全年累计发生额后　　　B. 各月末结出全年累计发生额后

C. 结出本季累计发生额后　　　　　　D. 结出当月发生额后

4. 下列结账方法表述错误的是（   ）。

A. 总账账户平时只需结出月末余额，在年终结账时，在"本年合计"栏下通栏划双红线。

B. 需要结计本年累计发生额的明细账户，12月末的"本年累计"就是全年累计发生额，全年累计发生额下通栏划双红线。

C. 对不需按月结计本期发生额的账户，每次记账后，随时结出余额，每月最后一笔余额即为月末余额。

D. 现金、银行存款日记账，收入费用明细账，结出本月发生额和余额，在摘要栏注明"本月合计"字样，并在下面通栏划双红线。

（二）多项选择题

1. 下列结账方法中，正确的有（   ）。

A. 现金日记账、银行存款日记账，每月要结出本月发生额和余额，在摘要栏内注明"本月合计"字样，并在下面通栏划单红线。

B. 需要结计本年累计发生额的明细账，每月结账时，应在"本月合计"行下结出自年初起至本月末的累计发生额。

C. 总账账户平时只需结出月末余额。年终结账时，将所有总账账户结出全年发生额和年末余额，在摘要栏内注明"本年合计"字样，并在合计数下通栏划双红线。

D. 年度终了时，对有余额的账户，要将其余额结转下年，并在摘要栏注明"结转下年"字样。

2. 下列需要划双红线的有（   ）。

A. 在"本月合计"的下面　　　　　　B. 在"本年累计"的下面

C. 在12月末的"本年累计"的下面　　D. 在"本年合计"的下面

3. 下列有关结账的说法中正确的有（   ）。

A. 总账账户应按月结出本月发生额和月末余额

B. 现金日记账应按月结出本月发生额和月末余额

C. 应收账款明细账应在每次记账后随时结出余额

D. 年终应将所有总资产账户结计全年发生额和年末余额

4. 结账的内容通常包括（   ）。

A. 在会计期末将本期所有发生的经济业务事项全部登记入账

B. 结清各种损益类账户，并据以计算确定本期利润

C. 结清各资产、负债和所有者权益账户，分别结出本期发生额合计和余额

D. 期末有余额的账户，要将其余额结转下一期间

5. 下列需要划双红线的有（   ）。

A. 在"本月合计"的下面　　　　B. 在"本年累计"的下面
C. 在12月末的"本年累计"的下面　D. 在"本年合计"的下面

6. 下列属于对账内容的是（　　）。

A. 明细账与总账核对　　　　B. 库存商品账和实物核对
C. 往来账与业务合同核对　　D. 记账凭证与原始凭证核对

7. 下列结账方法表述正确的是（　　）。

A. 总账账户平时只需结出月末余额，在年终结账时，在"本年合计"栏下通栏划双红线

B. 需要结计本年累计发生额的明细账户，12月末的"本年累计"就是全年累计发生额，全年累计发生额下通栏划双红线

C. 对不需按月结计本期发生额的账户，每次记账后，随时结出余额，每月最后一笔余额即为月末余额

D. 现金日记账、银行存款日记账、收入费用明细账，结出本月发生额和余额，在摘要栏注明"本月合计"字样，并在下面通栏划双红线

二、职业判断能力训练

1. 对既不要需要结计本月发生额也不需要结计本年累计发生额的账户，可以只将每页末的余额结转次页。　　　　　　　　　　　　　　　　　　　　　　　（　　）

2. 月结时，收入、费用类账户需要结出本月发生额和余额，记入最后一笔记录下的借方和贷方栏内，并在摘要栏内注明"本月合计"字样，同时在该行下划双红线，以完成月结工作。　　　　　　　　　　　　　　　　　　　　　　　　　　　　　　（　　）

3. 月结时，收入、费用类账户需要结出本月发生额和余额，记入最后一笔记录下的借方和贷方栏内，并在摘要栏内注明本月合计字样，同时，在该行下划双红线，以完成月结工作。　　　　　　　　　　　　　　　　　　　　　　　　　　　　　　（　　）

4. 年末结账时，应当在全年累计发生额下面划双红线。　　　　（　　）

5. 新旧账有关账户之间转记余额，不必编制记账凭证。　　　　（　　）

6. 现金日记账、银行存款日记账、收入费用明细账，结出本月发生额和余额，在摘要栏注明"本月合计"字样，并在下面通栏划双红线。　　　　　　　　（　　）

7. 年终结账，将余额结转下年时，应编制记账凭证，并将上年账户的余额反向结平。
　　　　　　　　　　　　　　　　　　　　　　　　　　　　　　（　　）

任务五　查找与更正错账

一、职业选择能力训练

（一）单项选择题

1. 下列各种方法中，（　　）适用于记账后发现账簿错误是由于记账凭证中会计科目运用错误引起的情况。
   A. 划线更正法　　　　　　　　B. 红字更正法
   C. 补充登记法　　　　　　　　D. 平行登记法

2. 收回货款 1 500 元存入银行，填制记账凭证时，会计科目无误，金额误填为 15 000 元，并已入账。正确的更正方法是（　　）。
   A. 采用划线更正法
   B. 用蓝字借记"银行存款"，贷记"应收账款"
   C. 用蓝字借记"应收账款"，贷记"银行存款"
   D. 用红字借记"银行存款"，贷记"应收账款"

3. 更正错账时，划线更正法的适用范围是（　　）。
   A. 记账凭证上会计科目或记账方向错误，导致账簿记录错误
   B. 记账凭证正确，在记账时发生错误，导致账簿记录错误
   C. 记账凭证上会计科目或记账方向正确，所记金额大于应记金额，导致账簿记录错误
   D. 记账凭证上会计科目或记账方向正确，所记金额小于应记金额，导致账簿记录错误

4. 对总分类账格式和登记方法的错误要求是（　　）。
   A. 总分类账的账页格式有三栏式和多栏式两种
   B. 总分类账一般不采用订本账
   C. 总分类账应该按照总分类账户分类登记
   D. 总分类账的登记方法取决于单位、企业采用的账务处理程序

5. 不能作为明细分类账的记账依据的是（　　）。
   A. 原始凭证　　　　　　　　　B. 原始凭证汇总表
   C. 科目汇总表　　　　　　　　D. 记账凭证

6. 下列关于会计账簿的登记要求，不正确的是（　　）。
   A. 账簿中书写的文字和数字一般应占格距的二分之一
   B. 凡需结出余额的账户，若没有余额应该在"借或贷"栏目内写"平"字，并在"余额"栏用"0"表示
   C. 在不设借贷等栏的多栏式账页中，登记减少数可以用红字表示

D. 为了使账簿记录清晰,防止涂改,记账时可以采用蓝色或者黑色的圆珠笔

7. 下列情况不可以用红色墨水记账的是(   )。

A. 冲账的记账凭证,冲销错误记录

B. 在不设借贷等栏的多栏式账页中,登记减少数

C. 在三栏式账户的余额栏前,印明余额方向的,在余额栏内登记负数余额

D. 在三栏式账户的余额栏前,未印明余额方向的,在余额栏内登记负数余额

8. 下列错账中,可以采用补充登记法更正的是(   )。

A. 在结账前发现账簿记录有文字或数字错误,而记账凭证没有错误

B. 记账后在当年内发现记账凭证所记的会计科目错误

C. 记账后在当年内发现记账凭证所记金额大于应记金额

D. 记账后发现记账凭证填写的会计科目无误,只是所记金额小于应记金额

9. 更正错账时,划线更正法的适用范围是(   )。

A. 记账凭证上会计科目或记账方向错误,导致账簿记录错误

B. 记账凭证正确,在记账时发生错误,导致账簿记录错误

C. 记账凭证上会计科目或记账方向正确,所记金额大于应记金额,导致账簿记录错误

D. 记账凭证上会计科目或记账方向正确,所记金额小于应记金额,导致账簿记录错误

10. 记账以后,如果发现记账凭证上应借、应贷的会计科目并无错误,只是金额有错误,且所错记的金额小于应记的正确金额,应采用的更正方法是(   )。

A. 划线更正法   B. 红字更正法

C. 补充登记法   D. 横线登记法

(二) 多项选择题

1. 下列属于错账产生的原因的有(   )。

A. 重记   B. 漏记

C. 数字颠倒   D. 数字记错

2. 账簿记录发生错误,不准涂改、挖补、刮擦或者用药水消除字迹,不准重新抄写,而是应该按(   )方法更正。

A. 全冲全入法   B. 补充登记法

C. 红字更正法   D. 划线更正法

3. 下列各项中(   )属于错账更正方法。

A. 划线更正法   B. 红字更正法

C. 补充登记法   D. 平行登记法

4. 关于会计账簿的登记要求,表述正确的有(   )。

A. 账簿记录中的日期,应该填写记账凭证上的日期

B. 在三栏式账户的余额栏前,如未印明余额方向的,在余额栏内登记负数余额可以使用红色墨水

C. 如无意发生隔页、跳行现象,应在空页、空行处用红色墨水划对角线注销,或者注明"此页空白"或"此行空白"字样,并由记账人员签名或者签章

D. 对于没有余额的账户,应在"借或贷"栏内写"平"字,并在"余额"栏用"0"

表示

5. 下列各项中，属于登记会计账簿应当注意事项的有（   ）。

  A. 特殊记账使用红墨水

  B. 各种账簿应按页次顺序连续登记，不得跳行、隔页

  C. 如果发生跳行、隔页，应当将空行、空页划线注销，或者注明"此行空白"、"此页空白"字样，并由记账人员签章

  D. 每一账页登记完毕结转下页时，应当结出本页合计数及余额

6. 错账查找方法具体分为（   ）。

  A. 全面检查   B. 局部抽查
  C. 定期检查   D. 不定期检查

7. 填制记账凭证若发生错误，且已经登记入账，下面更正方法正确的有（   ）。

  A. 用涂改液进行更正

  B. 先用红字填写一张与原内容相同的记账凭证，在摘要栏注明"注销某月某日某号凭证"字样；同时再用蓝字重新填制一张正确的记账凭证。

  C. 如果会计科目没有错误，只是金额错误，也可将正确数字与错误数字之间的差额，另编一张调整的记账凭证，调增金额用蓝字，调减金额用红字

  D. 发现以前年度记账凭证有错误的，不涉及损益类科目，科目正确，金额少记，应当按少记的金额用蓝字填制一张与原记账凭证应借、应贷科目完全相同的记账凭证

8. 下列各种工作的错误，应当用红字更正法予以更正的有（   ）。

  A. 在账簿中将 2 500 元误记为 2 550 元，记账凭证正确无误

  B. 在填制记账凭证时，误将"应收账款"科目填为"其他应收款"，并已登记入账

  C. 在填制记账凭证时，误将 3 000 元填作 300 元，尚未入账

  D. 记账凭证中的借贷方向用错，并已入账

9. 收回货款 1 500 元存入银行，记账凭证中误将金额填为 15 000 元，并已入账，错账的更正方法不正确的是（   ）。

  A. 用划线更正法更正

  B. 用蓝字借记"银行存款"账户 1 500 元，贷记"应收账款"账户 1 500 元

  C. 用红字借记"应收账款"账户 15 000 元，贷记"银行存款"账户 15 000 元

  D. 用红字借记"银行存款"账户 13 500 元，贷记"应收账款"账户 13 500 元

10. 可用于更正因记账凭证错误而导致账簿登记错误的错账更正方法有（   ）。

  A. 划线更正法   B. 红字更正法
  C. 补充登记法   D. 顺查法

二、职业判断能力训练

1. 错账查找方法中的逆查法有利于全面检查账簿记录的正确性，但是查找工作量大。（   ）

2. 错账查找方法中的逆查法属于局部抽查方法。（   ）

3. 在记账过程中，可能由于种种原因会使账簿记录发生错误。对于发生的账簿记录错

误，应采用正确、规范的方法予以更正，不得涂改、挖补、刮擦或者用药水消除字迹，不得重新抄写。（　　）

4. 如果在结账前发现账簿记录有文字或数字错误，而记账凭证没有错误，则可采用划线更正法，不可以采用红字更正法。（　　）

5. 差数法是指对于发生的差错只查找末位数，以提高差错效率的方法。（　　）

6. 错账查找方法中的顺查法能减少查找的工作量，实际工作中使用较多。（　　）

7. 发现以前年度记账凭证是错误的，应当用红字填制一张更正的记账凭证。（　　）

8. 随着科技的发展，记账错误均可采用褪色药水消除字迹，而不必采用麻烦的更正方法。（　　）

9. 记账凭证中会计账户、记账方向正确，但所记金额大于应记金额而导致账簿登记金额增加的情况，可采用补充登记法进行更正。（　　）

10. 填制记账凭证若发生错误，且已经登记入账，要先用红字填写一张与原内容相同的记账凭证，在摘要栏注明"注销某月某日某号凭证"字样；同时再用蓝字重新填制一张正确的记账凭证。（　　）

任务六　会计账簿的更换与保管

一、职业选择能力训练

（一）单项选择题

1. 会计账簿暂由本单位财务会计部门保管（　　），期满之后，由财务会计部门编造清册移交本单位的档案部门保管。
   A. 1 年　　　　　　　　　　B. 3 年
   C. 5 年　　　　　　　　　　D. 10 年

2. 下列账簿中，不需要每年进行更换的账簿是（　　）。
   A. 现金日记账　　　　　　　B. 银行存款日记账
   C. 总账　　　　　　　　　　D. 固定资产明细账

3. 下列账簿中，可以跨年度连续使用的是（　　）。
   A. 总账　　　　　　　　　　B. 备查账
   C. 日记账　　　　　　　　　D. 多数明细账

4. 现金日记账、银行存款日记账要保存（　　）年。
   A. 1 年　　　　　　　　　　B. 3 年
   C. 5 年　　　　　　　　　　D. 25 年

5. 涉外和对私改造账簿应该保存（　　）。

A. 永久 B. 3 年
C. 5 年 D. 25 年

（二）多项选择题

1. 关于会计账簿的更换，正确的说法有（　　）。
A. 会计账簿的更换通常在新会计年度建账时进行
B. 总账、日记账和多数明细账应每年更换一次
C. 变动较小的明细账可以连续使用
D. 各种备查账簿可以连续使用

2. 下列关于会计账簿的更换和保管正确的有（　　）。
A. 总账、日记账和多数明细账每年更换一次
B. 变动较小的明细账可以连续使用，不必每年更换
C. 备查账不可以连续使用
D. 会计账簿由本单位财务会计部门保管半年后，交由本单位档案管理部门保管

3. 年度结束后，对于账簿的保管，应当做到（　　）。
A. 装订成册 B. 加上封面
C. 统一编号 D. 当即销毁

4. 下列账簿中，不可以跨年度连续使用的是（　　）。
A. 总账 B. 备查账
日记账 D. 多数明细账

5. 根据《会计档案管理办法》的相关规定，（　　）均应该保存 15 年。
A. 总分类账 B. 明细分类账
C. 辅助账 D. 日记账

二、职业判断能力训练

1. 各种账簿必须按照国家统一规定的保存年限妥善保管，保管期满后可以任意销毁。（　　）
2. 所有的账簿每年都要更换新账。（　　）
3. 财产物资明细账和债权债务明细账必须每年度更换一次。（　　）
4. 新旧账簿有关账户之间的结转余额，需要编制记账凭证。（　　）
5. 总账、日记账和多数明细账应每年更换一次。（　　）
6. 年度结束后，对于账簿的保管，应当做到当即销毁。（　　）
7. 变动较小的明细账可以连续使用，不必每年更换。（　　）
8. 企业设置的备查账不可以连续使用。（　　）
9. 会计账簿未经领导和会计负责人或者有关人员批准，非经管人员不能随意翻阅查看会计账簿。（　　）
10. 现金日记账、银行存款日记账则要保存 25 年，涉外和对私改造账簿应该永久保存。（　　）

项目八 Project 8

开展财产清查

任务一 财产清查概述

一、职业选择能力训练

（一）单项选择题

1. 财产清查是通过实地盘点、查核，借以查明（   ）是否相符的一种专门方法。
   A. 账账   B. 账表
   C. 账实   D. 账证
2. 财产清查按清查范围，可以分为（   ）。
   A. 重点清查和非重点清查   B. 定期清查和不定期清查
   C. 全面清查和局部清查   D. 报送清查和抽查
3. 单位主要领导调离工作前进行的财产清查，应属于（   ）。
   A. 重点清查   B. 全面清查
   C. 局部清查   D. 定期清查
4. 一般来说，在企业撤销、合并和改变隶属关系时，应对财产进行（   ）。
   A. 全面清查   B. 局部清查
   C. 实地盘点   D. 定期清查
5. 以下情况中，宜采用局部清查的有（   ）。
   A. 年终决算前进行的清查   B. 企业清产核资时进行的清查
   C. 企业更换财产保管人员时   D. 企业改组为股份制试点企业进行清查
6. 现金出纳人员发生变动时，应对其保管的现金进行清查，这种财产清查属于（   ）。
   A. 全面清查和定期清查   B. 局部清查和不定期清查
   C. 全面清查和不定期清查   D. 局部清查和定期清查

7. 在发生自然灾害或贪污盗窃后，对受损的财产物资进行财产清查，通常采用（   ）。
   A. 定期清查   B. 不定期清查
   C. 分散清查   D. 集中清查

8. 单位在年末、季末或月末结账前所进行的财产清查属于（   ）。
   A. 财产临时清查   B. 财产定期清查
   C. 现金清查   D. 财产抽查

（二）多项选择题

1. 下列哪些属于企业应该进行全面清查的情况（   ）。
   A. 编制年度财务会计报告前   B. 改变隶属关系前
   C. 股份制改制前   D. 企业清产核资时

2. 企业进行财产清查，其意义有（   ）。
   A. 保证账实相符，提高会计资料的准确性
   B. 保证账账相符，提高会计报表的准确性
   C. 保障财产物资的安全完整
   D. 充分利用各项财产物资，提高资金使用效果

3. 财产清查按清查时间可以分为（   ）。
   A. 全面清查   B. 定期清查
   C. 局部清查   D. 不定期清查

4. 下列情况需要进行不定期清查的是（   ）。
   A. 年终决算前进行财产清查   B. 更换财产物资保管人员
   C. 发生自然灾害或意外损失   D. 临时性清产核资

5. 单位年终决算时进行清查属于（   ）。
   A. 全面清查   B. 局部清查
   C. 定期清查   D. 不定期清查

二、职业判断能力训练

1. 财产清查是指通过对货币资金、实物资产和往来款项的盘点和核对，确定其实存数，并查明账存数与实存数是否相符的一种专门方法。   （   ）
2. 从财产清查的对象和范围看全面清查只有在年终进行。   （   ）
3. 对仓库中的所有存货进行盘点属于全面清查。   （   ）
4. 单位撤销、合并或改变隶属关系、更换财产物资保管人员时，需要进行全面清查。
                                                                （   ）
5. 企业财产的全面清查必须定期进行，局部清查则根据需要不定期进行。（   ）
6. 企业的定期清查一般在期末进行，可以是全面清查，也可以是局部清查。（   ）
7. 通过财产清查，可以挖掘财产物资的潜力，有效利用财产物资，加速资金周转。
                                                                （   ）

任务二 财产清查的方法

一、职业选择能力训练

(一) 单项选择题

1. 库存现金清查的方法是（   ）。
   A. 核对账目法   B. 实地盘点法
   C. 技术推算法   D. 发函询证法
2. 企业银行存款日记账与银行对账单的核对属于（   ）。
   A. 账实核对   B. 账账核对
   C. 账证核对   D. 账表核对
3. 对实物资产进行清查盘点时，（   ）必须在场。
   A. 实物保管人员   B. 记账人员
   C. 会计主管   D. 单位领导
4. 下列项目中清查时应采用实地盘点法的是（   ）。
   A. 应收账款   B. 应付账款
   C. 银行存款   D. 固定资产
5. 清查往来款项应采用的方法是（   ）。
   A. 实地盘点法   B. 发函询证法
   C. 技术推算法   D. 抽查法
6. 对于大量堆积的砂石进行清查，一般采用（   ）方法进行。
   A. 实地盘点   B. 抽查检验
   C. 技术推算盘点   D. 查询核对
7. 下列记录可以作为调整账面数字的原始凭证的是（   ）。
   A. 盘存单   B. 实存账存对比表
   C. 银行存款余额调节表   D. 往来款项对账单
8. 银行存款清查中发现的未达账项应编制（   ）来检查调整后的余额是否相等。
   A. 对账单   B. 实存账存对比表
   C. 盘存单   D. 银行存款余额调节表
9. 月末企业银行存款日记账余额为 210 000 元，银行对账单余额为 180 000 元，经过未达账项调节后的余额为 190 000 元。则对账日企业可以动用的银行存款实有数额（   ）元。
   A. 180 000   B. 210 000

C. 190 000   D. 不能确定

10. 在企业与银行双方记账无误的情况下，银行存款日记账与银行对账单余额不一致是由于有（ ）存在。
A. 应收账款   B. 其他货币资金
C. 未达账项   D. 应付账款

11. 银行存款日记账余额为35 000元，调整前银行已收、企业未收的款项为7 000元，企业已收、银行未收款项为2600元，银行已付、企业未付款项为8 000元，则调整后存款余额为（ ）元。
A. 29600   B. 34 000
C. 37600   D. 42 000

12. 对企业与其开户银行之间的未达账项，进行账务处理的时间是（ ）。
A. 编好银行存款余额调节表时   B. 查明未达账项时
C. 收到银行对账单时   D. 实际收到有关结算凭证时

13. 银行存款余额调节表中，经过调整两者调节后的存款余额相等，则调节后的存款余额表示（ ）。
A. 企业银行存款日记账的账面余额   B. 银行对账单的实际余额
C. 银行存款日记账与银行对账单差异额   D. 企业可动用的银行存款实有数

（二）多项选择题

1. 财产清查的对象包括（ ）。
A. 货币资金   B. 实物资产
C. 债权   D. 债务

2. 银行存款日记账余额与银行对账单余额不一致，原因可能是（ ）。
A. 银行存款日记账有误   B. 银行记账有误
C. 存在未达账项   D. 存在未付款项

3. 关于银行存款余额调节表，下列说法正确的是（ ）。
A. 调节后的余额表示企业可以实际动用的银行存款数额
B. 该表是通知银行更正错误的依据
C. 不能作为调整本单位银行存款日记账记录的原始凭证
D. 是更正本单位银行存款日记账记录的依据

4. 银行存款的清查应根据（ ）进行核对。
A. 银行存款日记账   B. 银行存款总分类账
C. 银行存款余额调节表   D. 银行对账单

5. 下列记录可以作为调整账面数字的原始凭证的是（ ）。
A. 盘存单   B. 盘盈盘亏报告表
C. 银行存款余额调节表   D. 现金盘点报告表

6. 下列哪些项目的清查宜采用发函询证的方法（ ）。
A. 应收账款   B. 应付账款
C. 存货   D. 预付账款

7. 盘点各项实物资产的方法有（　　）。
   A. 实地盘点法　　　　　　　　B. 技术推算法
   C. 发函询证法　　　　　　　　D. 经验估计法
8. 可以采用实地盘点法进行清查的资产是（　　）。
   A. 库存现金　　　　　　　　　B. 原材料
   C. 银行存款　　　　　　　　　D. 固定资产
9. 企业编制银行存款余额调节表，在调整银行存款日记账余额时，应考虑的情况有（　　）。
   A. 企业已收银行未收　　　　　B. 银行已收企业未收
   C. 银行已付企业未付　　　　　D. 企业已付银行未付
10. 会导致企业银行存款日记账的余额小于银行对账单余额的未达账项有（　　）。
    A. 企业已收款记账而银行尚未收款记账
    B. 企业已付款记账而银行尚未付款记账
    C. 银行已收款记账而企业尚未收款记账
    D. 银行已付款记账而企业尚未付款记账
11. 下列说法正确的有（　　）。
    A. 库存现金清查的主要方法是实地盘点
    B. 出纳人员只需每月结账后对其经营的现金进行盘点即可
    C. 盘点时，要清点库存现金实存数并与现金日记账核对
    D. 盘点时，要注意有无以白条抵充现金的现象
12. 下列关于财产清查的说法，正确的有（　　）。
    A. 库存现金清查时，出纳人员必须在场
    B. 清查人员和实物保管人员应在盘存表上签名盖章
    C. 财产清查按范围分为全面清查和局部清查
    D. 财产清查按时间分为定期清查和不定期清查

二、职业判断能力训练

1. 库存现金的清查包括出纳人员每日的清点核对和清查小组定期和不定期的清查。（　　）
2. 企业对于与外部单位往来款项的清查，一般采取编制对账单寄交给对方单位的方式进行，因此属于账账核对。（　　）
3. 对于银行存款清查时，如果存在账实不符现象，肯定是由未达账项引起的。（　　）
4. 未达账项仅仅是指企业未收到凭证而未入账的款项。（　　）
5. 财产清查中，对于银行存款、各种往来款项至少每月与银行或有关单位核对。（　　）
6. 现金清查结束后，应填写"现金盘点报告表"，并由盘点人和出纳人员签名或盖章。（　　）
7. 现金和银行存款的清查均应采用实地盘点的方法进行。（　　）

8. 对于各种未达账项，会计人员应根据银行存款余额调节表登记入账。（   ）

9. 企业的银行存款日记账与银行对账单所记的内容是相同的，都是反映企业的银行存款的增减变动情况。（   ）

10. 未达账项是指在企业和银行之间，由于凭证的传递时间不同而导致一方已收到有关结算凭证且已登记入账，而另一方尚未接到有关结算凭证而未入账的款项。（   ）

11. 财产清查不仅包括对实物资产的盘点，也包括对银行存款、往来款项的核对。（   ）

12. 银行已经付款记账企业尚未付款记账，会使开户单位银行存款账面余额大于银行对账单的存款余额。（   ）

13. "实存账存对比表"应根据盘存单和账簿记录编制。（   ）

14. 在财产清查中，如果出现账存数小于实存数，则表明该财产盘亏。（   ）

三、职业应用能力训练

【训练一】

[资料] 某企业 2018 年 9 月 30 日银行存款日记账余额为 476 000 元，银行对账单余额为 468 200 元。经与银行对账，发现有以下几笔未达账项：

（1）9 月 28 日，企业收到货款 70 000 元，支票已送存银行，银行尚未记账；

（2）9 月 29 日，企业开出转账支票支付广告费 30 000 元，银行尚未记账；

（3）9 月 30 日，银行已划出本月水电费 2 800 元，企业尚未记账；

（4）9 月 30 日，银行已收到外地汇入货款 35 000 元，企业尚未记账。

[要求] 根据以上未达账项，编制企业银行存款余额调节表。

银行存款余额调节表

年　月　日　　　　　　　　　　　　　　　　　　　　　单位：元

项　目	金　额	项　目	金　额
企业银行存款日记账余额		银行对账单余额	
调节后余额		调节后余额	

【训练二】

[资料] 某企业 2018 年 10 月 31 日银行存款日记账余额为 135 500 元，银行对账单余额为 167 900 元。经查，发现有以下几笔未达账项：

（1）10 月 30 日，收到购货方转账支票一张，金额为 16 000 元，已经送存银行，但银行尚未入账；

（2）10 月 31 日，企业当月的水电费用 1 600 元银行已代为支付，但企业未接到付款通知而尚未入账；

(3) 10月31日，企业开出转账支票支付供货方货款20 000元，银行尚未记账；

(4) 10月31日，企业委托银行代收的款项30 000元，银行已转入账户，但企业尚未收到通知入账。

[要求] 根据以上未达账项，编制企业银行存款余额调节表。

银行存款余额调节表

年　月　日

单位：元

项　目	金　额	项　目	金　额
企业银行存款日记账余额		银行对账单余额	
调节后余额		调节后余额	

任务三　确认、计量财产清查结果

一、职业选择能力训练

（一）单项选择题

1．"待处理财产损溢"账户属于（　　）账户。

A．损益类　　　　　　　　B．资产类

C．成本类　　　　　　　　D．所有者权益类

2．下列业务中，不需要通过"待处理财产损溢"账户核算的是（　　）。

A．固定资产盘亏　　　　　B．无法收回的应收账款

C．库存现金盘盈　　　　　D．库存商品毁损

3．财产清查中发现材料盘亏，经查明是因为定额内的自然损耗，应在（　　）账户核算。

A．制造费用　　　　　　　B．营业外支出

C．管理费用　　　　　　　D．生产成本

4．在财产清查中发现盘亏一台设备，其账面原值为50 000元，已提折旧20 000元，则该企业记入"待处理财产损溢"账户的金额为（　　）元。

A．30 000　　　　　　　　B．20 000

C．50 000　　　　　　　　D．70 000

5．对盘亏的固定资产净损失经批准后可记入（　　）账户的借方。

A．制造费用　　　　　　　B．生产成本

C. 营业外支出　　　　　　　　D. 管理费用

6. 现金清查中，对无法查明原因的长款，经批准应记入（　　）账户核算。

　A. 其他应收款　　　　　　　　B. 其他应付款

　C. 营业外收入　　　　　　　　D. 管理费用

7. 某企业因意外事故导致库存商品发生毁损，总价值200 000元，经清理后收回残料价值10 000元，经保险公司查证统一理赔120 000元，款项均已收存银行。则该企业报经批准后应确认的实际损失为（　　）元。

　A. 200 000　　　　　　　　　B. 70 000

　C. 190 000　　　　　　　　　D. 80 000

8. 某企业在财产清查过程中，发现账外小汽车一辆，评估价为150 000元，报经批准后，正确的会计处理是（　　）。

　A. 记入"营业外收入"　　　　B. 记入"以前年度损益调整"

　C. 冲减"管理费用"　　　　　D. 记入"其他业务收入"

9. 在财产清查中发现库存材料实存数大于账面数，经批准后，会计人员应列作（　　）处理。

　A. 增加营业外收入　　　　　　B. 增加管理费用

　C. 减少管理费用　　　　　　　D. 增加营业外支出

10. 由于管理不善导致存货的盘亏，应作为（　　）。

　A. 管理费用　　　　　　　　　B. 营业外支出

　C. 营业外收入　　　　　　　　D. 其他应收款

11. 对盘亏的固定资产净损失经批准后可记入（　　）账户。

　A. 制造费用　　　　　　　　　B. 生产成本

　C. 管理费用　　　　　　　　　D. 营业外支出

（二）多项选择题

1. "待处理财产损溢"账户借方发生额登记的是（　　）。

　A. 待批准处理的财产盘亏、毁损　　B. 经批准转销的财产盘亏、毁损

　C. 待批准处理的财产盘盈　　　　　D. 经批准转销的财产盘盈

2. 对于盘亏、毁损的存货，经批准后进行账务处理时，可能涉及的借方账户有（　　）。

　A. 其他应收款　　　　　　　　B. 营业外支出

　C. 管理费用　　　　　　　　　D. 原材料

3. 企业进行存货清查时，对于盘亏的材料，应先记入"待处理财产损溢"账户，待期末或报经批准后，根据不同的原因可分别转入（　　）。

　A. 管理费用　　　　　　　　　B. 资本公积

　C. 营业外支出　　　　　　　　D. 其他应收款

4. 固定资产盘亏的核算业务涉及的账户有（　　）。

　A. 营业外收入　　　　　　　　B. 待处理财产损溢

　C. 累计折旧　　　　　　　　　D. 其他应付款

二、职业判断能力训练

1. 转销已批准处理的财产盘盈数登记在"待处理财产损溢"账户的贷方。（　　）
2. 对于盘盈或盘亏的财产物资，需在期末结账前处理完毕，如在期末结账前尚未经批准处理的，等批准处理后进行处理。（　　）
3. 企业在进行现金清查中，发现溢余的现金，批准处理前通过"待处理财产损溢"处理。属于无法查明原因的现金溢余，经批准后冲减管理费用。（　　）
4. 为了核算和监督财产的盘盈数、盘亏数及其处理的情况，需要设置"待处理财产损溢"账户，但固定资产盘盈，不通过该账户核算。（　　）
5. 财产清查中查明的各种财产物资的盘亏，不管原因一律记入"管理费用"。（　　）
6. 存货盘亏、毁损的净损失一律记入"管理费用"。（　　）
7. 盘盈的固定资产，应按照重置价值减去估计折旧的差额记入"其他业务收入"。（　　）

三、职业应用能力训练

【训练一】

[资料] A 企业 2018 年 8 月份进行财产清查，发生如下经济业务：
（1）库存现金盘点短缺 100 元，经核查，为出纳人员责任，应由出纳人员赔偿。
（2）盘盈甲材料 3 000 元，经核查，由于收发差错造成。
（3）盘亏乙材料 6 000 元，经核查，其中 800 元属定额内自然损耗造成，1 000 元属保管员责任，责令其赔偿，4200 元属暴风雨袭击，按规定保险公司应赔偿 3 000 元。
（4）毁损设备一台，账面价值为 30 000 元，已提折旧 20 000 元，经核查属于自然灾害所致，按规定应向保险公司索赔 5 000 元款项尚未收到。

[要求] 根据以上经济业务编制财产清查审批前和审批后的会计分录。

【训练二】

[资料] B 企业 2018 年 11 月份进行财产清查，发生如下经济业务：
（1）盘点库存现金长款 500 元，无法查明原因。
（2）盘亏材料 3 000 元，经核查，其中的 1 000 元属定额内自然损耗造成，2 000 元属管理不善造成。
（3）盘盈一台未入账的设备，该设备市场价格为 32 000 元，估计的新旧程度为九成新。
（4）无法支付的应付账款 23 000 元，报经有关部门批准后进行会计处理。

[要求] 根据以上经济业务编制财产清查审批前和审批后的会计分录。

项目九 Project 9

确定账务处理程序

任务一 账务处理程序概述

职业选择能力训练

（一）单项选择题

1. 科学、合理地选择账务处理程序有利于保证会计记录的完整性和正确性，增强会计信息的（ ）。
   A. 完整性　　　　　　　　　　B. 可靠性
   C. 严密性　　　　　　　　　　D. 及时性
2. 账务处理程序的核心是（ ）。
   A. 凭证组织　　　　　　　　　B. 账簿组织
   C. 记账程序　　　　　　　　　D. 报表组织
3. 下列不是常用的账务处理程序的是（ ）。
   A. 原始凭证账务处理程序　　　B. 记账凭证账务处理程序
   C. 汇总记账凭证账务处理程序　D. 科目汇总表账务处理程序
4. 不同账务处理程序的主要区别在于（ ）。
   A. 登记总分类账户的依据不同　B. 会计凭证的传递方法不同
   C. 登记明细分类账户的依据不同 D. 会计分工不同

（二）多项选择题

1. 下列各项中，（ ）属于选择账务处理程序时应当考虑因素。
   A. 经济活动和财务收支的实际情况　B. 经营管理的需要
   C. 会计核算手续　　　　　　　　　D. 企业规模和经济业务量
2. 账务处理程序也叫会计核算程序，它是指（ ）相结合的方式。
   A. 会计凭证　　　　　　　　　B. 会计账簿
   C. 会计科目　　　　　　　　　D. 会计报表

3. 下列属于科学、合理地选择适用于本单位账务处理程序的意义的有（   ）。
   A. 有利于会计工作程序的规范化   B. 有利于提高会计信息的质量
   C. 有利于增强会计信息的可靠性   D. 有利于保证会计核算工作的效率
4. 常用的账务处理程序主要有（   ）。
   A. 记账凭证账务处理程序   B. 汇总记账凭证账务处理程序
   C. 科目汇总表账务处理程序   D. 日记总账账务处理程序
5. 企业在设计账务处理程序时，必须与本单位的（   ）相适应。
   A. 所有制性质   B. 业务性质
   C. 经营管理的要求   D. 规模大小

二、职业判断能力训练

1. 设计会计核算组织程序根本立足点的是保证会计记录的完整性和正确性。（   ）
2. 企业由于业务性质、组织规模及管理上的要求各不相同，所以应根据自身的特点，选择恰当的会计账务处理程序。（   ）
3. 编制会计报表是企业账务处理程序的组成部分。（   ）
4. 科学、合理地选择适合本单位的账务处理程序会提高会计信息质量，但不利于增强会计信息的可靠性。（   ）

任务二　应用记账凭证账务处理程序

一、职业选择能力训练

（一）单项选择题

1. 规模较小、业务量较少的单位适用（   ）。
   A. 记账凭证账务处理程序   B. 汇总记账凭证账务处理程序
   C. 多栏式日记账账务处理程序   D. 科目汇总表账务处理程序
2. 下列各项中，属于在记账凭证账务处理程序中，需要对所发生的经济业务事项，根据原始凭证或汇总原始凭证编制的是（   ）。
   A. 记账凭证   B. 汇总记账凭证
   C. 科目汇总表   D. 原始凭证
3. （   ）是基本的账务处理程序，其他的账务处理程序都是在此基础上演变和发展而形成的。
   A. 汇总记账凭证账务处理程序   B. 日记总账账务处理程序

C. 科目汇总表账务处理程序　　　　　D. 记账凭证账务处理程序

4. 直接根据记账凭证逐笔登记总分类账的账务处理程序是（　　）。

A. 记账凭证账务处理程序　　　　　　B. 汇总记账凭证账务处理程序
C. 科目汇总表账务处理程序　　　　　D. 日记账账务处理程序

5. 下列属于记账凭证账务处理程序优点的是（　　）。

A. 总分类账反映较详细　　　　　　　B. 减轻了登记总分类账的工作量
C. 有利于会计核算的日常分工　　　　D. 便于核对账目和进行试算平衡

6. 记账凭证账务处理程序的特点是根据记账凭证逐笔登记（　　）。

A. 明细分类账　　　　　　　　　　　B. 日记账
C. 总分类账　　　　　　　　　　　　D. 总分类账和明细分类账

7. 下列关于记账凭证账务处理程序、汇总记账凭证账务处理程序和科目汇总表账务处理程序一般步骤的表述中，不是三者共有步骤的是（　　）。

A. 根据记账凭证登记总分类账
B. 根据原始凭证、汇总原始凭证和记账凭证，登记各种明细分类账
C. 期末现金日记账、银行存款日记账和明细分类账的余额同有关总分类账的余额核算相符
D. 期末根据总分类账和明细分类账的记录，编制会计报表

（二）多项选择题

1. 以下属于记账凭证会计核算程序优点的是（　　）。

A. 简单明了、易于理解
B. 总分类账可以较详细地记录经济业务发生情况
C. 便于进行会计科目的试算平衡
D. 减轻了登记总分类账的工作量

2. 记账凭证账务处理程序的优点和缺点分别是（　　）。

A. 记账凭证账务处理程序简单明了，且总分类账可以较详细地反映经济业务的发生情况
B. 登记总分类账的工作量较大
C. 简化了登记总分类账的工作量
D. 不能反映科目的对应关系

3. 企业对发生的经济业务可以根据（　　）登记明细分类账。

A. 原始凭证　　　　　　　　　　　　B. 汇总原始凭证
C. 汇总记账凭证　　　　　　　　　　D. 记账凭证

4. 在记账凭证账务处理程序下，对发生的经济业务要根据（　　）编制记账凭证，然后根据记账凭证直接登记总分类账。

A. 汇总凭证　　　　　　　　　　　　B. 原始凭证
C. 汇总原始凭证　　　　　　　　　　D. 复式凭证

5. 记账凭证账务处理程序、汇总记账凭证账务处理程序和科目汇总表账务处理程序应共同遵守的程序是（　　）。

A. 根据原始凭证、汇总原始凭证和记账凭证，登记各种明细分类账
B. 根据记账凭证逐笔登记总分类账
C. 期末，现金日记账、银行存款日记账和明细分类账的余额与有关总分类账的余额核对相符
D. 根据总分类账和明细分类账的记录，编制会计报表

6. 能够起到简化登记总分类账工作的账务处理程序有（   ）。
A. 汇总记账凭证 B. 记账凭证
C. 科目汇总表 D. 日记总账

二、职业判断能力训练

1. 在记账凭证账务处理程序下，记账凭证只能使用通用记账凭证。（   ）
2. 记账凭证账务处理程序，适用于规模较大的经济业务较复杂的企业。（   ）
3 记账凭证账务处理程序简化了登记总账的工作量。（   ）
4. 记账凭证账务处理程序下，总分类账可以较详细地反映经济业务的发生情况。
（   ）
5. 在记账凭证账务处理程序下，记账凭证可以采用通用记账凭证，也可以分设收款凭证、付款凭证和转账凭证。（   ）
6. 在记账凭证账务处理程序下，其记账凭证必须采用收款凭证、付款凭证和转账凭证三种格式。（   ）
7. 记账凭证账务处理程序其特点是，根据记账凭证定期编制记账凭证汇总表，再根据记账凭证汇总表登记总分类账。（   ）

任务三 应用汇总记账凭证账务处理程序

职业选择能力训练

（一）单项选择题

1. 下列各项中，（   ）不属于汇总记账凭证账务处理程序步骤。
A. 根据原始凭证编制汇总原始凭证
B. 根据各种记账凭证编制有关汇总记账凭证
C. 根据各种汇总记账凭证登记总分类账
D. 根据各种记账凭证编制科目汇总表

2. 下列关于汇总记账凭证账务处理程序优点的表述中，正确的是（   ）。
   A. 详细反映经济业务的发生情况　　B. 可以做到试算平衡
   C. 处理手续简便　　　　　　　　　D. 便于了解账户之间的对应关系
3. 在汇总记账凭证账务处理中，登记总账的直接依据是（   ）。
   A. 付款凭证　　　　　　　　　　　B. 汇总记账凭证
   C. 记账凭证　　　　　　　　　　　D. 收款凭证
4. 甲公司是一家大型制药企业，会计账务处理程序采用汇总记账凭证账务处理程序，下列关于登记总账依据的表述中，不正确的是（   ）。
   A. 汇总付款凭证　　　　　　　　　B. 汇总收款凭证
   C. 通用记账凭证　　　　　　　　　D. 汇总转账凭证
5. 在汇总记账凭证账务处理程序下，汇总转账凭证应当按账户的（   ）进行设置。
   A. 借方　　　　　　　　　　　　　B. 贷方
   C. 增加　　　　　　　　　　　　　D. 减少
6. 为了便于填制汇总转账凭证，平时填制转账凭证时，应尽可能使账户的对应关系保持（   ）。
   A. "一借一贷"或"一贷多借"　　　 B. "一借一贷"或"一借多贷"
   C. "一贷多借"或"多借多贷"　　　 D. "一借多贷"或"多借多贷"
7. 汇总记账凭证账务处理程序和科目汇总表账务处理程序的主要不同点是（   ）。
   A. 登记日记账的依据不同　　　　　B. 编制记账凭证的依据不同
   C. 登记总分类账的依据不同　　　　D. 编制汇总记账凭证的依据不同
8. 关于汇总记账凭证账务处理程序，下列说法中错误的是（   ）。
   A. 根据记账凭证定期编制汇总记账凭证
   B. 根据原始凭证或汇总原始凭证登记总分类账
   C. 根据汇总记账凭证登记总分类账
   D. 汇总转账凭证应当按照每一账户的贷方分别设置，并按其对应的借方账户归类汇总
9. 汇总收款凭证和汇总付款凭证分别以账户的（   ）进行设置。
   A. 借方和贷方　　　　　　　　　　B. 借方和借方
   C. 贷方和贷方　　　　　　　　　　D. 贷方和借方
10. 汇总记账凭证账务处理程序的优点是（   ）。
    A. 详细反映经济业务的发生情况　　B. 可以做到试算平衡
    C. 便于了解账户之间的对应关系　　D. 处理程序简便
11. 在汇总记账凭证账务处理程序下，平时填制转账凭证时，科目的对应关系最好保持（   ）。
    A. 一个借方科目同一个贷方科目相对应
    B. 一个借方科目同几个贷方科目相对应
    C. 一个贷方科目同几个借方科目相对应
    D. 几个借方科目同几个贷方科目相对应
12. 汇总记账凭证账务处理程序适用于（   ）。
    A. 规模较大、经济业务较多的企业　B. 规模较小、经济业务不多的企业

C. 规模较大、经济业务不多的企业　　D. 规模较小、经济业务较多的企业

（二）多项选择题

1. 下列各项中，属于汇总记账凭证账务处理程序缺点的有（　　）。

A. 当转账凭证较多时，编制汇总转账凭证的工作量大

B. 按每一贷方科目标志汇总转账凭证，不利于会计核算的日常分工

C. 总分类账中无法清晰地反映科目之间的对应关系

D. 登记总分类的工作量较大

2. 下列属于汇总记账凭证账务处理程序特点的有（　　）。

A. 根据原始凭证编制汇总原始凭证　　B. 根据记账凭证定期编制汇总记账凭证

C. 根据记账凭证定期编制科目汇总表　　D. 根据汇总记账凭证登记总账

3. 以下关于汇总转账凭证的编制，说法不正确的有（　　）。

A. 汇总转账凭证，是指按每一贷方科目分别设置，用来汇总一定时期内转账业务的一种汇总记账凭证

B. 汇总转账凭证可以是"一借一贷"或"一贷多借"的会计分录

C. 汇总转账凭证可以是"一借多贷"或"多借多贷"的会计分录

D. 将一定时期内全部转账凭证按其对应借方科目进行归类，计算出每一贷方科目发生额合计数，填入汇总转账凭证

4. 适用于生产经营规模较大、业务较多的企业的账务处理程序是（　　）。

A. 多栏式日记账账务处理程序　　B. 汇总记账凭证账务处理程序

C. 记账凭证账务处理程序　　D. 科目汇总表账务处理程序

5. 在汇总记账凭证账务处理程序下，应设置的记账凭证有（　　）。

A. 收款凭证及付款凭证　　B. 汇总收款凭证及汇总付款凭证

C. 转账凭证及汇总转账凭证　　D. 现金日记账及银行存款日记账

6. 对于汇总记账凭证核算形式，下列说法错误的有（　　）。

A. 登记总分类账的工作量大

B. 不能体现账户之间的对应关系

C. 明细账与总分类账无法核对

D. 当转账凭证较多时，汇总转账凭证的编制工作量较大

7. 汇总记账凭证账务处理程序和科目汇总表账务处理程序的相同之处有（　　）。

A. 都能反映账户之间的对应关系　　B. 都能进行试算平衡

C. 都简化了登记总账的工作量　　D. 都适用于规模较大、经济业务较多的单位

8. 在汇总记账凭证账务处理程序下，对发生的经济业务要根据（　　）逐笔登记现金日记账和银行存款日记账。

A. 汇总收款凭证　　B. 汇总付款凭证

C. 收款凭证　　D. 付款凭证

9. 汇总记账凭证一般分为（　　）。

A. 汇总收款凭证　　B. 汇总付款凭证

C. 原始凭证汇总表　　D. 汇总转账凭证

10. 汇总记账凭证账务处理程序下，记账凭证应采用（　　）形式。
A. 一借一贷　　　　　　　　B. 一借多贷
C. 一贷多借　　　　　　　　D. 多借多贷

二、职业判断能力训练

1. 汇总记账凭证账务处理程序可以清晰地反映账户之间的对应关系，可以做到试算平衡，保证总分类账登记的正确性。（　　）
2. 汇总转账凭证是按每一贷方科目分别设置的记账凭证。（　　）
3. 汇总记账凭证账务处理程序是直接根据记账凭证逐笔登记总分类账的一种账务处理程序。（　　）
4. 汇总记账凭证账务处理程序的特点是，定期根据记账凭证分类编制记账凭证汇总表，再根据记账凭证汇总表登记总分类账。（　　）
5. 汇总记账凭证账务处理程序就是将各种原始凭证汇总后填制记账凭证，据以登记总分类账的账务处理程序。（　　）
6. 采用汇总记账凭证账务处理程序增加了填制汇总记账凭证的工作程序，增加了总账的登记工作量。（　　）
7. 汇总记账凭证账务处理程序既能保持账户的对应关系，又能减轻登记总分类账的工作量。（　　）
8. 汇总记账凭证账务处理程序和科目汇总表账务处理程序都适用于规模较大、经济业务较多的单位。（　　）
9. 在编制汇总转账凭证时应将一定时期内全部转账凭证按其对应的借方科目进行归类，计算出每一借方科目发生额的合计数。（　　）
10. 汇总记账凭证账务处理程序能减轻登记总分类账的工作量，且便于了解账户之间的对应关系。（　　）

任务四　应用科目汇总表账务处理程序

一、职业选择能力训练

（一）单项选择题

1. 甲公司采用科目汇总表账务处理程序进行记账，2018 年 5 月 1 日至 15 日发生下列收付业务：（1）以现金支付修理费 1 000 元；（2）以银行存款偿还应付账款 11 700 元；（3）通过银行收取货款 34 000 元；（4）转让残料取得现金收入 1 300 元，已存入银行。5 月 15

日甲公司编制科目汇总表时，银行存款科目的借方发生额应为（   ）元。
  A. 35 300   B. 23 600
  C. 34 000   D. 35 000

2. 在科目汇总表核算形式下，记账凭证不可以用来（   ）。
  A. 登记现金日记账   B. 登记总分类账
  C. 登记明细分类账   D. 编制科目汇总表

3. 某公司采用科目汇总表账务处理程序进行记账，总账会计每月定期编制科目汇总表。下列各项中，（   ）属于编制科目汇总表直接依据。
  A. 原始凭证   B. 原始凭证汇总表
  C. 记账凭证   D. 汇总记账凭证

4. 科目汇总表账务处理程序是由（   ）发展而来的。
  A. 记账凭证账务处理程序   B. 汇总记账凭证账务处理程序
  C. 多栏式日记账账务处理程序 D. 日记总账账务处理程序

5. 关于科目汇总表账务处理程序，下列说法正确的是（   ）。
  A. 登记总账的直接依据是记账凭证
  B. 登记总账的直接依据是科目汇总表
  C. 编制会计报表的直接依据是科目汇总表
  D. 与记账凭证会计核算程序相比较，增加了一道编制汇总记账凭证的程序

6. 下列属于科目汇总表账务处理程序缺点的是（   ）。
  A. 增加了会计核算的账务处理程序   B. 增加了登记总分类账的工作量
  C. 不便于检查核对账户的对应关系   D. 不便于进行试算平衡

7. 各种账务处理程序的主要区别是（   ）。
  A. 凭证格式不同   B. 设置账户不同
  C. 程序繁简不同   D. 登记总账的依据不同

8. 不同账务处理程序下，财务报表是根据（   ）编制的。
  A. 日记账、总分类账和明细账   B. 日记账和明细账
  C. 明细账和总分类账   D. 日记账和总分类账

9. 科目汇总表账务处理程序比记账凭证账务处理程序增设了（   ）。
  A. 原始凭证汇总表   B. 汇总原始凭证
  C. 科目汇总表   D. 汇总记账凭证

10. 科目汇总表账务处理程序是根据记账凭证定期编制（   ），再据以登记总分类账的一种账务处理程序。
  A. 汇总记账凭证   B. 科目汇总表
  C. 汇总收款凭证   D. 累计凭证

（二）多项选择题

1. 科目汇总表账务处理程序主要适用于（   ）。
  A. 规模较小、业务较少的单位   B. 业务少的单位
  C. 业务较多的单位   D. 规模较大

2. 科目汇总表账务处理程序下不需要编制（　　）。
   A. 科目汇总表　　　　　　　　B. 汇总收款凭证
   C. 汇总付款凭证　　　　　　　D. 记账凭证
3. 在科目汇总表账务处理程序下，记账凭证是（　　）的依据。
   A. 登记现金日记账　　　　　　B. 登记总分类账
   C. 登记明细分类账　　　　　　D. 编制科目汇总表
4. 下列属于科目汇总表账务处理程序优点的是（　　）。
   A. 反应内容详细　　　　　　　B. 简化总账登记
   C. 便于试算平衡　　　　　　　D. 能反映账户对应关系
5. 在科目汇总表账务处理程序下，不能作为登记总账直接依据的是（　　）。
   A. 原始凭证　　　　　　　　　B. 汇总记账凭证
   C. 科目汇总表　　　　　　　　D. 记账凭证
6. 在科目汇总表核算程序下，月末应将（　　）与总分类账进行核对
   A. 现金日记账　　　　　　　　B. 银行存款日记账
   C. 明细分类账　　　　　　　　D. 备查账
7. 登记总分类账的依据有（　　）。
   A. 银行存款日记账　　　　　　B. 记账凭证或汇总记账凭证
   C. 科目汇总表　　　　　　　　D. 总账所属的明细账
8. 在各种会计核算形式下，明细分类账可以根据（　　）登记。
   A. 原始凭证　　　　　　　　　B. 记账凭证
   C. 汇总原始凭证　　　　　　　D. 汇总记账凭证
9. 各种账务处理程序的相同之处有（　　）。
   A. 根据原始凭证编制记账凭证
   B. 根据原始凭证、汇总原始凭证和记账凭证登记明细账
   C. 根据记账凭证登记总分类账
   D. 根据总分类账和明细分类账编制会计报表
10. 下列各项中，关于科目汇总表账务处理程序的说法正确的是（　　）。
    A. 主要特点是定期将所有记账凭证汇总编制成科目汇总表，然后根据科目汇总表登记总分类账
    B. 所需设置的账簿的种类和格式与记账凭证账务处理程序完全不同
    C. 科目汇总表可以起到试算平衡的作用
    D. 不反映各科目的对应关系
11. 下列表述中，对于科目汇总表账务处理程序表述正确的有（　　）。
    A. 大大减少了登记总账的工作量
    B. 总账上不能反映经济业务的来龙去脉，不便于查账
    C. 不能起到试算平衡的作用
    D. 适用于规模较小、业务量较少、记账凭证不多的单位
12. 科目汇总表账务处理程序与记账凭证账务处理程序共同之处有（　　）。
    A. 登记总账的依据相同

B. 编制财务报表的依据相同
C. 登记现金日记账和银行存款日记账的依据相同
D. 登记各种明细分类账依据相同

二、职业判断能力训练

1. 科目汇总表只反映各个会计科目的本期借方发生额和本期贷方发生额，不反映各个会计科目的对应关系。（ ）
2. 在各种账务处理程序下，会计报表的编制方法都是相同的。（ ）
3. 科目汇总表可以反映账户之间的对应关系，但不能起到试算平衡的作用。（ ）
4. 采用科目汇总表账务处理程序，可以减少登记总分类账的工作量，同时也便于了解账户之间的对应关系。（ ）
5. 科目汇总表账务处理程序适用于规模较大，经济业务较多的单位。（ ）
6. 在科目汇总表账务处理程序下，可以根据科目汇总表一次或分次登记总分类账。（ ）
7. 对于科目汇总表中"库存现金""银行存款"科目的借方本期发生额和贷方本期发生额也可以直接根据现金日记账和银行存款日记账的收入合计与支出合计填列，而不再根据收款凭证和付款凭证归类汇总填列。（ ）
8. 科目汇总表可以每汇总一次编制一张，也可以每月编制一张。（ ）
9. 科目汇总表账务处理程序是在记账凭证账务处理程序的基础上发展和演变而来的。（ ）
10. 科目汇总表核算组织程序下，总分类账均应依据科目汇总表登记。（ ）

三、职业应用能力训练

[资料]各种会计处理程序既有共性，又有个性。个性表现在哪里？不同的处理程序适应什么类型的企业或单位？他们的核算程序如何？

[要求]填写三种账务处理程序优缺点对比表。

三种账务处理程序优缺点对比

分析项目		记账凭证账务处理程序	科目汇总表账务处理程序	汇总记账凭证账务处理程序
各类账务处理程序特点分析	（1）原始凭证环节			
	（2）记账凭证的编制依据			
	（3）会计账簿的登记依据			
	①日记账登记依据			
	②明细账登记依据			
	③总账登记依据			
	（4）会计报表的编制依据			

续表

分析项目		记账凭证账务处理程序	科目汇总表账务处理程序	汇总记账凭证账务处理程序
各类账务处理程序特点总结				
各类账务处理程序优缺点分析	总账详细程度			
	是否便于查对账目			
	总体工作量大小			
各类账务处理程序适用范围				

项目十 Project 10

编制财务会计报告

任务一 财务会计报告概述

一、职业选择能力训练

（一）单项选择题

1. 按照我国现行会计制度规定，企业每个（　　）都要编制资产负债表。
   A. 年末　　　　　　　　　　　　B. 半年末
   C. 季末　　　　　　　　　　　　D. 月末
2. 财务会计报告的内容不包括（　　）。
   A. 会计报表附注　　　　　　　　B. 所有者权益变动表
   C. 会计报表说明书　　　　　　　D. 会计报表
3. 会计报表编制的根据是（　　）。
   A. 原始凭证　　　　　　　　　　B. 记账凭证
   C. 账簿记录　　　　　　　　　　D. 科目汇总表
4. 下列不符合财务会计报告编制要求有（　　）。
   A. 提前结账　　　　　　　　　　B. 真实可靠
   C. 相关可比　　　　　　　　　　D. 全面完整
5. 下列说法中正确的有（　　）。
   A. 财务会计报表应当清晰明了、便于理解，意味着应在报表中排除复杂的经济事项
   B. 财务会计报告是企业会计核算的最终成果，也是会计核算工作的总结
   C. 为保证财务会计报表编制和报送的及时性，可以先编制报表，然后再进行对账
   D. 中期财务会计报表的格式和内容可比年度财务会计报表适当简略
6. 按照会计报表编报会计主体的编制不同，会计报表可以分为（　　）。
   A. 财务状况报表和财务成果报表　　B. 部门会计报表和地区会计报表

C. 对内会计报表和对外会计报表 D. 个别会计报表和合并会计报表

7. 在下列各个会计报表中，属于企业对外提供的静态报表是（　　）。

A. 利润表 B. 所有者权益变动表

C. 资产负债表 D. 现金流量表

8. 下列会计报表中，不属于对外报送的会计报表是（　　）。

A. 商品产品成本表 B. 资产负债表

C. 利润表 D. 现金流量表

9. 按照会计报表反映的经济内容分类，资产负债表属于反映（　　）的报表。

A. 对外报表 B. 经营成果

C. 某一特定日期的财务状况 D. 现金流量情况

10. 按照会计报表报送对象不同，会计报表可以分为（　　）。

A. 部门会计报表和地区会计报表 B. 财务状况报表和财务成果报表

C. 个别会计报表和合并会计报表 D. 对内会计报表和对外会计报表

11. 企业应当以（　　）为基础，根据实际发生的交易和事项，按照相关会计准则的规定进行确认和计量，在此基础上编制财务报表。

A. 会计主体 B. 持续经营

C. 会计分期 D. 重要性原则

（二）多项选择题

1. 企业财务会计报表按其编报的时间不同，分为（　　）。

A. 季度报表 B. 年度报表

C. 半年度报表 D. 月度报表

2. 企业对外报送的财务报告包括（　　）。

A. 资产负债表 B. 利润表

C. 会计报表附注 D. 现金流量表

3. 企业会计报告的构成包括（　　）。

A. 会计报表 B. 会计账簿

C. 会计凭证 D. 会计报表附注

4. 会计报表按其报送对象进行分类可分为（　　）。

A. 对内会计报表 B. 个别会计报表

C. 合并会计报表 D. 对外会计报表

5. 下列表述中错误的是（　　）。

A. 会计报表附注是对会计报表项目的补充说明

B. 资产负债表是动态报表

C. 利润表是动态报表

D. 现金流量表是静态报表

6. 按现行制度规定，企业会计报表主要包括（　　）和附注。

A. 现金流量表 B. 利润表

C. 资产负债表 D. 所有者权益变动表

7. 中期财务会计报表是指（　　）。
   A. 年报 B. 季报
   C. 月报 D. 半年报
8. 编制财务报告的目的是向（　　）等财务会计报告的使用者提供全面、系统的财务会计信息。
   A. 债权人 B. 政府及相关机构
   C. 投资者 D. 社会公众

二、职业判断能力训练

1. 会计报表项目数据的直接来源是原始凭证和记账凭证。　　　　　　　　　（　）
2. 会计报表按其反映的内容，可以分为动态会计报表和静态会计报表，资产负债表是反映在某一时期企业财务状况的会计报表。　　　　　　　　　　　　　　　（　）
3. 向不同会计资料使用者提供财务会计报告，其编制依据应当一致。　　　（　）
4. 编制财务会计报告是企业账务处理程序的组成部分。　　　　　　　　　（　）
5. 个别报表和合并报表都是由企业在自身会计核算基础上对账簿记录进行加工而编制的会计报表。　　　　　　　　　　　　　　　　　　　　　　　　　　　　（　）
6. 为了及时编制会计报表，企业可以适当提前结账日期。　　　　　　　　（　）
7. 季度、月度财务会计报告通常仅指财务报表，至少应该包括资产负债表、利润表和现金流量表。　　　　　　　　　　　　　　　　　　　　　　　　　　　　（　）
8. 所有者权益变动表是反应构成所有者权益的各组成部分当期的增减情况的报表。
   　　　　　　　　　　　　　　　　　　　　　　　　　　　　　　　　　（　）
9. 会计报表按照报送对象不同，可以分为个别会计报表和合并会计报表。　（　）
10. 中期财务报表是指短于一年财务报表。　　　　　　　　　　　　　　　（　）

任务二　编制资产负债表

一、职业选择能力训练

（一）单项选择题

1. 资产负债表是反映企业（　　）财务状况的会计报表。
   A. 某一年份内 B. 某一特定日期
   C. 一定时期内 D. 某一月份内
2. 依照我国的会计准则，资产负债表采用的格式为（　　）。

A. 多步报告式 B. 单步报告式
C. 混合式 D. 账户式

3. 在资产负债表中，资产和负债项目排列顺序的依据是其（   ）。
A. 入账日期 B. 流动性
C. 金额大小 D. 数量大小

4. 某企业2018年8月份"原材料"账户期末余额为100 000元，"库存商品"账户的期末余额为240 000元，"生产成本"账户期末余额为60 000元，"存货跌价准备"账户期末余额为10 000元，"固定资产"账户的期末余额为400 000元，则本月资产负债表中"存货"项目的期末金额应填列（   ）元。
A. 790 000 B. 340 000
C. 330 000 D. 390 000

5. 某企业6月30日资产总额为6 000 000元，流动负债总额为1 500 000元，所有者权益总额为4 000 000元，则当日该公司的非流动负债总额为（   ）。
A. 300万 B. 150万
C. 100万 D. 50万

6. 在编制资产负债表时，下列各项中，需要根据其明细账户分析填列的是（   ）。
A. 实收资本 B. 应付债券
C. 存货 D. 应付账款

7. 资产负债表中，"应收账款"项目应根据（   ）填列。
A. "应收账款"总分类账户所属各明细分类账户期末借方余额合计数
B. "应收账款"总分类账户所属各明细分类账户期末贷方余额合计数
C. "应收账款"总分类账户的期末余额
D. "应收账款"和"预收账款"总分类账户所属各明细分类账户期末借方余额合计数减去"坏账准备"账户中有关应收账款计提的坏账准备期末余额后的金额

8. 资产负债表中，"应付账款"项目，应（   ）。
A. 根据"应付账款"科目的期末贷方余额和"应收账款"科目的期末借方余额计算填列
B. 根据"应付账款"科目的期末贷方余额和"应收账款"科目的期末贷方余额计算填列
C. 根据"应付账款"科目和"预付账款"科目所属相关明细科目的期末贷方余额计算填列
D. 直接根据"应付账款"科目的期末贷方余额填列

9. 资产负债表是根据（   ）期末余额编制的。
A、日记账和明细分类账 B、日记账和总分类账
C、明细分类账和总分类账 D、日记账、总账和明细账

10. 下列直接根据某个总分类账户余额直接填列资产负债表项目的是（   ）。
A. 货币资金 B. 应付账款
C. 应付职工薪酬 D. 未分配利润

11. 资产负债表的下列项目中，需要根据几个总账账户的期末余额进行汇总填列的是

( )。
    A. 应付职工薪酬   B. 资本公积
    C. 货币资金   D. 短期借款

12. "应收账款"科目所属明细科目如有贷方余额，应在资产负债表（ ）项目中反映。
    A. 预付款项   B. 预收款项
    C. 应收账款   D. 应付账款

13. 资产负债表是根据（ ）这一会计等式编制的。
    A. 资产 = 负债 + 所有者权益 + 收入 − 费用
    B. 现金流入 − 现金流出 = 现金净流量
    C. 资产 = 负债 + 所有者权益
    D. 收入 − 费用 = 利润

（二）多项选择题

1. 不能直接根据总分类账户余额直接填列的资产负债表项目有（ ）。
    A. 货币资金   B. 存货
    C. 应收账款   D. 短期借款

2. 下列项目中，根据有关总账余额及其明细账余额分析计算填列的有（ ）。
    A. 固定资产   B. 长期借款
    C. 未分配利润   D. 应付债券

3. 直接根据总分类账户余额直接填列的资产负债表项目的有（ ）。
    A. 未分配利润   B. 应付票据
    C. 实收资本   D. 短期借款

4. 下列各项中，属于资产负债表中流动资产项目的有（ ）。
    A. 应收账款   B. 预付账款
    C. 存货   D. 无形资产

5. 资产负债表中的"预付款项"项目，应根据（ ）之和填列。
    A. "应付账款"明细科目的借方余额   B. "应付账款"明细科目的贷方余额
    C. "预付账款"明细科目的借方余额   D. "预付账款"明细科目的贷方余额

6. 资产负债表中"货币资金"项目的期末数应根据（ ）等账户的期末借方余额填列。
    A. 其他货币资金   B. 银行存款
    C. 库存现金   D. 交易性金融资产

7. 通过编制资产负债表可以（ ）。
    A. 反映企业资产的情况
    B. 反映企业所有者权益的情况
    C. 反映企业某一日期的负债总额及其结构
    D. 从总体上了解企业收入、成本和费用、净利润（或亏损）的实现及构成情况

8. 下列项目中，列示在资产负债表右方的有（ ）。

A. 流动负债 B. 非流动负债
C. 非流动资产 D. 所有者权益

9. 下列关于资产负债表的表述中，正确的有（　　）。
A. 是主要财务报表 B. 是反映财务状况的报表
C. 是动态报表 D. 是反映经营成果的报表

10. 下列各项中，属于长期负债的是（　　）。
A. 长期借款 B. 应付职工薪酬
C. 应付债券 D. 其他应付款

11. 下列各项中，属于资产负债表中流动负债项目的有（　　）。
A. 应交税费 B. 应付职工薪酬
C. 应付票据 D. 应付股利

二、职业判断能力训练

1. 资产负债表是反映企业特定日期财务状况的报表。（　　）
2. 资产负债表的"期末余额"栏各项目主要是根据总账或有关明细账本期发生额直接填列的。（　　）
3. 资产负债表中资产项目是按资产流动性由小到大的顺序排列的。（　　）
4. 在资产负债表中，"长期应收款"项目应根据"长期应收款"科目总账余额直接填列。（　　）
5. 资产负债表中"固定资产"项目，应根据"固定资产"账户余额减去"累计折旧""固定资产减值准备"等账户的期末余额后的金额填列。（　　）
6. 资产负债表中的"未分配利润"项目是反映企业尚未分配的利润，应根据"利润分配"账户的余额直接填列。（　　）
7. 资产负债表中"货币资金"项目，应根据"银行存款"账户的期末余额填列。（　　）
8. 资产负债表的"年初数"，一般应根据上年末资产负债表的"期末数"填列。（　　）
9. 在资产负债表中，"其他应收款"项目应根据"其他应收款"科目总账余额直接填列。（　　）
10. 资产负债表中资产类项目金额总计与负债类和所有者权益类项目金额总计必须相等，各项资产与负债的金额一般不应相互抵销。（　　）

三、职业应用能力训练

[资料] XX公司2018年12月31日总分类账户及明细账户的期末余额如下：

总分类账户余额

2018 年 12 月 31 日　　　　　　　　　　　　　　　　　　　　　　　　单位：元

总分类账户名称	借方余额	贷方余额
库存现金	1 200	
银行存款	213 600	
应收账款	4 000	
坏账准备		200
原材料	32 500	
库存商品	85 000	
生产成本	18 000	
固定资产	338 700	
累计折旧		24 700
无形资产	20 000	
累计摊销		3 500
预收账款		12 000
短期借款		27 500
应付账款		23 000
预付账款	5 000	
长期借款		200 000
实收资本		350 000
盈余公积		20 700
利润分配		56 400
合计	718 000	718 000

有关明细账户余额

2018 年 12 月 31 日　　　　　　　　　　　　　　　　　　　　　　　　单位：元

账户名称	借方余额	贷方余额
应收账款	4 000	
——A 公司	5 500	
——B 公司		1 500
预收账款		12 000
——C 公司		14 000
——D 公司	2 000	
预付账款	5 000	
——E 公司	6 200	
——F 公司		1 200
应付账款		23 000
——G 公司		23 000

补充资料：(1) 坏账准备余额 200 元都为应收账款坏账准备。

(2) 长期借款中将于一年内到期的长期借款为 60 000 元。

[要求] 根据上述资料，编制该公司 2018 年 12 月 31 日资产负债表。

资产负债表

编制单位：　　　　　　　　　　　　　　年　月　日　　　　　　　　　　　　单位：元

资　　　产	年初余额	期末余额	负债及所有者权益	年初余额	期末余额
流动资产：	略		**流动负债：**	略	
货币资金			短期借款		
以公允价值计量且其变动计入当期损益的金融资产			以公允价值计量且其变动计入当期损益的金融负债		
应收票据			应付票据		
应收账款			应付账款		
预付账款			预收账款		
应收利息			应付职工薪酬		
应收股利			应交税费		
其他应收款			应付利息		
存货			应付股利		
划分为持有待售的资产			其他应付款		
一年内到期的非流动资产			划分为持有待售的负债		
其他流动资产			一年内到期的非流动负债		
流动资产合计			其他流动负债		
非流动资产：			流动负债合计		
可供出售金融资产			**非流动负债：**		
持有至到期投资			长期借款		
长期应收款			应付债券		
长期股权投资			长期应付款		
投资性房地产			专项应付款		
固定资产			预计负债		
在建工程			递延收益		
工程物资			递延所得税负债		
固定资产清理			其他非流动负债		
生产性生物资产			非流动负债合计		
油气资产			负债合计		
无形资产			**所有者权益（或股东权益）：**		
开发支出			实收资本（或股本）		
商誉			资本公积		
长期待摊费用			减：库存股		
递延所得税资产			其他综合收益		
其他非流动资产			盈余公积		
非流动资产合计			未分配利润		
			所有者权益（或股东权益）合计		
资产总计			负债和所有者权益（或股东权益）总计		

任务三　编制利润表

一、职业选择能力训练

(一) 单项选择题

1. 反映企业在一定会计期间经营成果的财务会计报表是（　　）。
   A. 利润表　　　　　　　　　B. 所有者权益变动表
   C. 现金流量表　　　　　　　D. 资产负债表
2. 编制会计报表时，以"收入－费用＝利润"这一会计等式作为编制依据的会计报表是（　　）。
   A. 现金流量表　　　　　　　B. 所有者权益变动表
   C. 资产负债表　　　　　　　D. 利润表
3. 依照我国的会计准则，利润表采用的格式为（　　）。
   A. 账户式　　　　　　　　　B. 混合式
   C. 多步式　　　　　　　　　D. 单步式
4. 通过编制利润表可以（　　）。
   A. 从总体上了解企业收入、成本和费用、净利润（或亏损）的实现及构成情况
   B. 反映企业某一日期的负债总额及其结构
   C. 反映企业资产的构成及其状况
   D. 反映企业所有者权益的情况
5. 编制利润表主要是根据（　　）。
   A. 资产、负债及所有者权益各账户的期末余额
   B. 损益类各账户的本期发生额
   C. 损益类各账户的期末余额
   D. 资产、负债及所有者权益各账户的本期发生额
6. 下列各项中，不会影响营业利润金额增减的是（　　）。
   A. 营业外收入　　　　　　　B. 财务费用
   C. 投资收益　　　　　　　　D. 资产减值损失
7. 下列各项中，不会影响利润总额增减变化的是（　　）。
   A. 营业外支出　　　　　　　B. 所得税费用
   C. 管理费用　　　　　　　　D. 销售费用
8. 企业本月利润表中的营业收入为 400 000 元，营业成本为 206 000 元，税金及附加为 5 000 元，管理费用为 40 000 元，财务费用为 5 000 元，销售费用为 8 000 元，营业外收入

为10 000元，则其营业利润为（　　）元。
A. 146 000　　　　　　　　　B. 194 000
C. 136 000　　　　　　　　　D. 189 000

（二）多项选择题

1. 利润表是（　　）。
A. 反映企业财务成果的报表　　B. 静态报表
C. 动态报表　　　　　　　　　D. 对外报表
2. 利润表中的"营业成本"项目填列所依据的是（　　）。
A. "营业外支出"发生额　　　　B. "税金及附加"发生额
C. "其他业务成本"发生额　　　D. "主营业务成本"发生额
3. 下列项目中可以记入利润表中"营业收入"项目的是（　　）。
A. 出售材料取得的收入　　　　B. 对外单位罚款所取得收入
C. 出售产品取得的收入　　　　D. 购买债券取得的利息收入
4. 以下项目中，会影响营业利润计算的有（　　）。
A. 销售费用　　　　　　　　　B. 营业成本
C. 营业外收入　　　　　　　　D. 税金及附加
5. 下列项目中，会影响利润总额计算的有（　　）。
A. 投资收益　　　　　　　　　B. 营业外支出
C. 营业收入　　　　　　　　　D. 营业外收入
6. 多步式利润表可以反映企业的（　　）等要素。
A. 营业利润　　　　　　　　　B. 所得税费用
C. 净利润　　　　　　　　　　D. 利润总额
7. 以下属于利润表中应当单独列示的项目的有（　　）。
A. 营业收入　　　　　　　　　B. 投资收益
C. 主营业务成本　　　　　　　D. 税金及附加

二、职业判断能力训练

1. 利润表是反映企业一定期间经营成果的会计报表。（　　）
2. 利润表中"营业成本"项目，反映企业销售产品和提供劳务等主要经营业务的各项销售费用和实际成本。（　　）
3. 利润表的格式主要有多步式利润表和单步式利润表两种，我国企业采用的是单步式利润表格式。（　　）
4. 利润表中的各项目应根据有关损益账户的本期发生额或余额分析计算填列。（　　）
5. 营业利润减去管理费用、销售费用、财务费用和所得税后得到净利润。（　　）

三、职业应用能力训练

[资料] 某公司2018年12月底转账前各损益类账户的发生额如下：

单位：元

账户名称	12月份发生额	
	借方	贷方
主营业务收入		282 500
主营业务成本	148 000	
销售费用	10 000	
税金及附加	8 470	
其他业务成本	2 000	
营业外支出	3 000	
财务费用	4 400	
管理费用	38 000	
其他业务收入		5 000
营业外收入		2 500
投资收益	4 000	
所得税费用	18 000	

[要求] 根据上述资料，编制该公司2018年12月的利润表。

利 润 表

编制单位：　　　　　　　　　　　　　　　年　月　　　　　　　　　　　　　单位：元

项　目	本期金额	上期金额
一、营业收入		略
减：营业成本		
税金及附加		
销售费用		
管理费用		
财务费用		
资产减值损失		
加：公允价值变动收益（损失以"-"号填列）		
投资收益（损失以"-"号填列）		
其中：对联营企业和合营企业的投资收益		
二、　营业利润（亏损以"-"号填列）		
加：营业外收入		

续表

项　目	本期金额	上期金额
其中：非流动资产处置利得		
减：营业外支出		
其中：非流动资产处置损失		
三、利润总额（亏损总额以"－"号填列）		
减：所得税费用		
四、净利润（净亏损以"－"号填列）		
五、其他综合收益	略	
六、综合收益总额	略	
七、每股收益	略	
（一）基本每股收益		
（二）稀释每股收益		

任务四　编制现金流量表

一、职业选择能力训练

（一）单项选择题

1. 下列项目中，能引起现金流量净额变动的项目是（　　）。
   A. 将现金存入银行　　　　　　　　B. 用银行存款购买 1 个月到期的债券
   C. 用存货抵偿债务　　　　　　　　D. 用银行存款清偿 200 万元的债务
2. 下列各项中，应列入企业现金流量表中经营活动产生的现金流量的是（　　）。
   A. 支付的各项税费　　　　　　　　B. 取得子公司的现金净额
   C. 购建固定资产支付的现金　　　　D. 偿还借款支付的现金
3. 下列各项中，应该作为现金流量表中筹资活动产生的现金流量的是（　　）。
   A. 销售商品收到的现金　　　　　　B. 购入固定资产支付的现金
   C. 用现金购买 2 个月内到期的国债　D. 清偿长期借款支付的现金
4. 下列各项中，属于现金流量表中投资活动产生的现金流量的有（　　）。
   A. 在建工程领用工程物资　　　　　B. 用银行存款购买固定资产
   C. 用银行存款偿还应付账款　　　　D. 无形资产摊销
5. 以下不属于"支付给职工以及为职工支付的现金"的是（　　）。
   A. 在建工程人员的工资　　　　　　B. 生产人员的工资

三、职业应用能力训练

[资料] 某公司2018年12月底转账前各损益类账户的发生额如下：

单位：元

账户名称	12月份发生额	
	借方	贷方
主营业务收入		282 500
主营业务成本	148 000	
销售费用	10 000	
税金及附加	8 470	
其他业务成本	2 000	
营业外支出	3 000	
财务费用	4 400	
管理费用	38 000	
其他业务收入		5 000
营业外收入		2 500
投资收益	4 000	
所得税费用	18 000	

[要求] 根据上述资料，编制该公司2018年12月的利润表。

利 润 表

编制单位： 年 月 单位：元

项 目	本期金额	上期金额
一、营业收入		略
减：营业成本		
税金及附加		
销售费用		
管理费用		
财务费用		
资产减值损失		
加：公允价值变动收益（损失以"－"号填列）		
投资收益（损失以"－"号填列）		
其中：对联营企业和合营企业的投资收益		
二、　营业利润（亏损以"－"号填列）		
加：营业外收入		

续表

项 目	本期金额	上期金额
其中：非流动资产处置利得		
减：营业外支出		
其中：非流动资产处置损失		
三、利润总额（亏损总额以"-"号填列）		
减：所得税费用		
四、净利润（净亏损以"-"号填列）		
五、其他综合收益	略	
六、综合收益总额	略	
七、每股收益	略	
（一）基本每股收益		
（二）稀释每股收益		

任务四　编制现金流量表

一、职业选择能力训练

（一）单项选择题

1. 下列项目中，能引起现金流量净额变动的项目是（　　）。
   A. 将现金存入银行　　　　　　　B. 用银行存款购买1个月到期的债券
   C. 用存货抵偿债务　　　　　　　D. 用银行存款清偿200万元的债务
2. 下列各项中，应列入企业现金流量表中经营活动产生的现金流量的是（　　）。
   A. 支付的各项税费　　　　　　　B. 取得子公司的现金净额
   C. 购建固定资产支付的现金　　　D. 偿还借款支付的现金
3. 下列各项中，应该作为现金流量表中筹资活动产生的现金流量的是（　　）。
   A. 销售商品收到的现金　　　　　B. 购入固定资产支付的现金
   C. 用现金购买2个月内到期的国债　D. 清偿长期借款支付的现金
4. 下列各项中，属于现金流量表中投资活动产生的现金流量的有（　　）。
   A. 在建工程领用工程物资　　　　B. 用银行存款购买固定资产
   C. 用银行存款偿还应付账款　　　D. 无形资产摊销
5. 以下不属于"支付给职工以及为职工支付的现金"的是（　　）。
   A. 在建工程人员的工资　　　　　B. 生产人员的工资

C. 管理人员的工资　　　　　　　D. 销售人员的工资

6. 属于现金流量表中"销售商品、提供劳务收到的现金"项目的为（　　）。

A. 销售商品收取增值税的销项税额　　B. 收到税费的返还

C. 经营租赁收到的租金　　　　　　　D. 收到的现金股利

（二）多项选择题

1. 下列各项中，属于现金流量表中现金及现金等价物的有（　　）。

A. 银行存款　　　　　　　　　　　B. 其他货币资金

C. 3个月内到期的债券投资　　　　　D. 权益性投资

2. 下列各项中，应记入现金流量表中"经营活动产生的现金流量"项目的有（　　）。

A. 销售商品收到的现金　　　　　　B. 收回投资收到的现金

C. 收到的税费返还　　　　　　　　D. 取得长期股权投资支付的手续费

3. 下列各项中，属于现金流量表中"筹资活动产生的现金流量"项目的有（　　）。

A. 分配利润支付的现金　　　　　　B. 清偿应付账款支付的现金

C. 偿还债券利息支付的现金　　　　D. 清偿长期借款支付的现金

4. 下列交易或事项中，会引起现金流量表"投资活动产生的现金流量净额"发生变化的有（　　）。

A. 购买股票支付的现金　　　　　　B. 向投资者派发的现金股利

C. 购建固定资产支付的现金　　　　D. 收到被投资单位分配的现金股利

5. 影响企业现金流量表中"现金及现金等价物净增加额"项目金额变化的有（　　）。

A. 以银行存款支付职工工资　　　　B. 收到出租资产的租金

C. 将库存现金存入银行　　　　　　D. 以货币资金购买3个月内到期的国库券

二、职业判断能力训练

1. 企业用现金购买三个月内到期的国债，将影响投资活动产生的现金流量。（　　）

2. 现金流量表反映企业在一定会计期间现金和现金等价物流入和流出的情况。（　　）

3. 现金等价物是指企业持有的期限短、流动性强、易于转换为已知金额现金、价值变动风险很小的投资。期限短，一般是指从购买日起一个月内到期。（　　）

4. 企业发行股票、债券等方式筹集资金实际收到的现金净额，属于筹资活动产生的现金流量。（　　）

5. 企业购建固定资产支付的现金应列示在现金流量表"经营活动产生的现金流量"项目中。（　　）

6. 处置子公司及其他营业单位收到的现金净额，属于筹资活动产生的现金流入。（　　）